영혼과 육신을
살리는 음식 이야기
- 신앙의 식탁 -

노봉수 저

한마음문화사

영혼과 육신을 살리는 음식 이야기 - 신앙의 식탁

- 초판 인쇄 ┃ 2025년 5월 12일
- 초판 발행 ┃ 2025년 5월 17일

> 교회인가
> 2025년 5월 29일
> 서울대교구

저자 노봉수

- 펴낸이·편집자 ┃ 김춘석 (마르코)
- 그림·디자인   ┃ 노현경 (엘리사벳)
- 펴낸곳 ┃ 한마음문화사(서울 노원구 공릉로 351)
  010-8877-7670 / 팩스 (02) 974-0159
  e-mail : cskimtrs@daum.net
  홈페이지 : www.hanmaumbook.kr

- 등록번호 ┃ 217-90-89166
- 등록일자 ┃ 2009년 12월 9일.

- 표지 그림   ┃ 〈오병이어-사랑으로 나누는 음식〉 노현경, 2025, 캔버스 유화 4F

- 저작권자 ┃ ⓒ 2025 노봉수
  이 책의 저작권은 저자에게 있으며, 출판사의 허락 없이 어떤 형태로든 복제, 저장, 전송할 수 없습니다.

책값 15,000원
ISBN 978-89-963636-9-9 (03230)

책머리에

먼저, 저의 식품학적 전문성을 성경과 연결하여 조명할 수 있도록 인도해 주신 주님께 깊은 감사를 드립니다. 또한, 평신도로서 성경에 대한 견해를 피력하는 것이 쉽지 않은 일이지만, 이러한 시도를 할 수 있도록 격려해 주신 서울대교구 5지구 지도 신부님이신 전원 바르톨로메오 신부님께도 진심으로 감사드립니다.

오늘날 우리는 4차 산업혁명의 시대를 살아가고 있습니다. 이 시대는 학문과 기술의 융합을 강조하며, 전통적인 경계를 허물고 새로운 시각을 모색하도록 이끌고 있습니다. 그러나 과학과 기술의 발전이 인간의 삶을 변화시키는 것과는 별개로, 하느님과의 관계 회복은 우리의 힘만으로 이루어질 수 없는 중요한 과제입니다. 이를 위해서는 먼저 하느님이 어떤 분이신지, 그리고 하늘나라는 어떤 곳인지 깊이 이해하는 것이 필수적입니다. 이러한 이해 없이는 진정한 신앙의 성장을 기대하기 어렵기 때문입니다.

성경은 전 세계적으로 가장 많이 읽히며, 인류의 삶

에 지대한 영향을 끼치고 있는 책입니다. 따라서 신앙생활을 영위하는데 있어 성경을 올바로 이해하는 것은 무엇보다 중요한 일입니다. 일반적으로 성경 해석은 성서학자들의 몫으로 여겨지지만, 저는 식품과학자의 관점에서 성경을 바라보는 새로운 시도를 하려고 합니다. 이는 단순한 호기심에서 비롯된 것이 아니라, 예수님께서도 식품을 주제로 많은 비유를 하셨기 때문입니다. 성경속 음식의 의미를 탐구하는 과정은 흥미로울 뿐만 아니라, 더 많은 사람이 하느님의 뜻을 깨닫고 하느님과의 관계를 회복하는데 도움을 줄 수 있을 것이라 믿습니다.

Ω 음식과 신앙의 만남

우리가 일상에서 접하는 음식은 단순한 영양 공급원을 넘어, 감정을 불러일으키고 공동체적 유대를 형성하는 중요한 요소입니다. 마찬가지로 성경을 통해 하느님을 접할 때 느껴지는 감정도 다양합니다. 하느님은 사랑이 많으시고 따뜻한 분이시며, 때로는 엄격하시고 단호하신 분이기도 합니다. 예수님께서는 빵, 포도주, 소금, 누룩과 같은 우리에게 친숙한 식품을 비유 삼아 하느님의 나라를 설명하셨으며, 이를 통해 신앙을 실천하는 길을 더 쉽게 이해하도록 도우셨습니다.

음식은 인간의 육체적 생존에 필수적인 요소이지만, 그것이 주는 의미는 단순히 생리적 차원에 머무르지 않습니다. 함께 음식을 나누는 순간, 우리는 화합과 일치를 경험하며 사랑을 실천하게 됩니다. 예수님께서 제자들과 함께 식사하시며 친교를 나누신 것도, 바로 이러한 이유 때문일 것입니다. 하지만 일부 사람들은 음식에 대한 논의 자체를 천박하게 여기기도 합니다. 이는 육체를 경시하는 고대 그리스적 사고방식에서 기인한 것이며, 기독교 신앙의 본질과는 거리가 먼 태도입니다. 배고픔의 고통을 절실히 느껴본 사람이라면, 음식이 단순한 육신의 문제가 아님을 깊이 이해할 것입니다.

　　오늘날 우리는 기아와 음식물 낭비라는 상반된 문제를 동시에 마주하고 있습니다. 굶주리는 이들도 있지만, 한편에서는 엄청난 양의 음식이 버려지고 있습니다. 이는 하느님께서 창조하신 세상을 올바로 살아가는 모습이 아닙니다. 우리가 먹는 모든 음식은 하느님의 은총이며, 이에 대한 감사의 마음을 가지는 것은 신앙인의 기본적인 태도라 할 수 있습니다. 음식은 단순한 생존의 도구가 아니라, 이웃과 친교를 나누고 사랑을 실천하는 매개체입니다. 우리가 음식을 나눌 때마다 하느님의 축복을 기억하며 감사하는 마음을 되새겨야 합니다.

Ω 책의 구성과 의도

　예수님께서는 일상 속 식품을 통해 하늘나라를 설명하셨고, 저는 식품과학자의 시각에서 이러한 성경의 가르침을 조명하고자 합니다. 이 책은 크게 두 개의 부분으로 구성되어 있습니다. 첫 번째 Part **'하늘의 양식 : 성경 속 음식 이야기'** 에서는 성경에 직접 등장하는 음식들을 중심으로 그 의미를 탐구합니다. 두 번째 Part **'신앙과 음식의 만남'** 에서는 성경에는 나오지 않지만, 우리 삶과 밀접한 토마토, MSG와 같은 식품을 통해 신앙적 메시지를 전달하고자 합니다. 이를 통해 성경이 현대인의 삶과 어떻게 연결될 수 있는지를 고민하며, 신앙을 실천하는데 있어 실질적인 통찰을 얻을 수 있기를 바랍니다.

　이 책을 집필하며 구약을 비롯한 성서 해석에 대한 미숙한 부분이 많음을 느꼈습니다. 저는 성서학자가 아니지만, 식품과학자로서 성경을 바라보는 새로운 관점을 제시하고자 했습니다. 교회의 공식적인 가르침을 존중하면서도 식품이라는 친숙한 소재를 통해 성경을 이해하는 색다른 접근법이 될 수 있기를 바랍니다. 이 책이 성경을 깊이 이해하는 다양한 방법을 제시하는데 이바지할 수 있기를 희망합니다.

끝으로 이 책의 원고 방향을 함께 고민하며 귀중한 조언을 아끼지 않은 딸 안젤라 송이, 그리고 항상 곁에서 아낌없는 사랑과 응원을 보내준 아내에게 깊은 감사를 전합니다. 식품과학자인 저의 투박한 글을 성서학적 측면에서 감수해 주신 가톨릭 대학교 성신교정의 두 분 사제, 성서 분야 박진수 사도 요한 교수 신부님과 교의신학 분야 전인걸 요한 보스코 교수 신부님께 깊은 감사를 드립니다.

아울러, 존경받는 원로 사제 관점에서 감수해 주신 정의덕 바오로 신부님과 신학박사·종교학박사로서 감수해 주신 김웅태 신부님에게도 깊은 감사를 드립니다. 또한, 출판을 위해 애써주신 한마음문화사의 김춘석 마르코 대표님께도 진심 어린 감사의 말씀을 전합니다.

2025년 2월
하계동에서 노봉수(야고보) 명예교수

추천의 글

노원 지구장으로 부임하여 하계동 성당 총회장님이셨던 노봉수 교수님을 만났습니다. 교수님은 평생을 식품 과학자로서 대학에서 학생들을 가르치시고, 한편으로는 한 신앙인으로서 교회에 성실하게 봉사하는 삶을 사신 분이셨습니다. 노교수님과 대화하면서 교수님이 연구하고 가르치신 식품공학은 단순히 과학을 넘어 삶이었고 신앙이라는 생각이 들었습니다. 저는 교수님의 삶과 신앙이 소중하고 아름답게 느껴져서 저도 모르게 '교수님이 연구하고 가르치신 것을 신앙과 접목하여 책을 한번 써 보시지요.'라고 말씀을 드렸습니다. 어쩌면 무심코 튀어나온 말이었는데 그 말이 교수님께는 숙제가 되어서 이렇게 멋진 책이 되었습니다.

사실 우리가 먹고 살아가는 모든 음식은 단순히 생존의 의미만을 갖는 것은 아닙니다. 하느님이 주신 햇볕과 비와 바람, 땅의 온갖 영양소들이 합쳐져서 우리의 밥상으로 올라오듯이, 음식은 자연을 통해 건네주는 하느님의 선물이며 우리 삶과 신앙을 잇는 거룩한 통로입니다. 이런 이해를 깊게 하신 교수님은 식품공학을 연구하는 학자답게 성경에 나오는 다양한 식품의 재료들뿐만 아니라 이스라엘 백성의 풍습 속의 음식들까지 소개하면서 그 고유한 특성과 성분, 변화와 숙성 등을 분석하여 하느님과의 관계 속에서 음식이 가지는 본질을 성서적이고 영성적인 의미로 새롭게 조명하였습니다.

저자의 책은 마치 학생들을 가르치는 선생님처럼, 다른 한편으로는 한 신앙인으로서의 아름다운 신앙의 고백처럼, 성경 속 여러 일상의 '먹을거리'를 '읽을거리'로 바꾸어 쉽고도 재미있게 풀어내고 있습니다. 우리가 먹는 빵 한 조각, 한 방울의 포도주가 교회의 성체성사를 통해 그리스도의 몸과 피로 봉헌되어 다시 우리에게 생명의 빵과 음료로 건네지듯, 밀알 하나가 썩는 자기희생과 변화를 거쳐 풍성한 생명으로 이어지는 자연의 순환 작용이 바로 사랑이신 하느님 구원의 역사임을 밝히고 있습니다.

따라서 이 책은 우리가 일상에 무심코 먹는 음식이 소중한 하느님의 선물이며 우리의 식탁이 하느님과 함께하는 은총의 장소임을 느끼게 합니다. 이렇게 신앙인들을 위해 자신의 전공과 신앙을 아름답게 엮어서 책을 내어주신 노봉수 교수님께 깊이 감사드립니다. 이 책이 우리 신앙인들에게 좀 더 깊이 성경을 이해하고 신앙과 삶을 더 풍요롭게 하는 소중한 선물이 되길 기도합니다.

제5노원 지구장 전원 바르톨로메오 신부

축하의 말씀

존경하는 노봉수(야고보) 회장님께서 **"영혼과 육신을 살리는 음식 이야기 - 신앙의 식탁"**이라는 제목으로 흥미와 눈길을 끄는 책을 출간하신다는 말씀을 듣고, 과연 그분의 전공을, 평소 실천하신 깊은 신앙의 관점에서 조명하시어, 우리 신앙인들에게 예수님의 음식에 관한 말씀의 깊은 뜻을 헤아릴 수 있도록 좋은 기회를 주신 것에 대해 감사드립니다.

저와 노교수님과의 인연은 2020년 2월부터 이어지고 있습니다. 저는 사제 생활의 마지막 현역 본당인 하계동성당에 부임했을 때, 노회장님은 2019년 11월부터 시작된 하계동성당 제14대 사목회장이었습니다. 저는 하계동성당에 간 지 며칠 안 되어, 코로나19 사태가 일어나 바로 다음 주부터 본당에서 교우들과 미사를 할 수 없었고, 영상으로 미사를 할 수밖에 없었습니다. 이러한 어려운 시절에 노회장님은 그러한 상황에 교우들의 신앙생활을 돕기 위해 사목위원들과 함께 많은 헌신적인 봉사를 하셨습니다.

그리고 2021년 11월 제15대 사목회가 출범하게 되었을 때, 저는 다시 노회장님께 사목회장직을 맡아달라고 부탁드렸습니다. 그것은 2022년 9월 24일이 본당 설립 30주년이 되는 날이어서, 그 준비와 기념을 위한 수고를 부탁드린 것입니다. 노회장님은 사회적으로 많은 활동으로 인해 바쁘셨지만, 본당 30주년 기념이라는 막중한 과업 앞에 자신의 일을 희생하고 본당 사목과 교우들의 친교와 선교활동에 헌신하셨습니다. 저는 노회장님의 이러한 헌신에 다시 한번 감사드립니다.

그리고 이번에 내신 **"영혼과 육신을 살리는 음식이야기 - 신앙의 식탁"** 이라는 제목을 보면서, 저의 뇌리에 스친 생각은 저의 하계동성당 부임 초 사순절 신앙 강좌 때, 노교수님은 **"잘 싸야 잘 산다"** 라는 제목으로 강의하셨는데, 이 말은 사람이 육신적 음식을 먹고 소화하고, 잘 배설해야 잘 살 수 있다는 것과 또한 신앙인으로서 영적으로도 신앙의 음식을 잘 섭취하고 봉사활동으로 영혼을 잘 관리해야 잘 살 수 있다는 취지로 했던 가르침에 큰 감명을 받았습니다. 이와 연관하여 이번에 내신 책도 이러한 맥락에서 이해할 수 있을 것 같습니다.

예수님께서는 하느님의 아들이셨지만, 인간의 구원을 위하여 몸소 인간이 되시어, 우리 인간들과 음식을 드시며 친교를 나누셨으며, 사람들의 음식 초대에 기꺼이 함께하시면서 당시 소외되고 가난한 사람들뿐 아니라, 율법 학자들이나 바리사이파 사람들과도 음식을 나누시며 그 기회에 하느님의 말씀을 전하셨습니다. 물론 당신의 사랑하는 제자들과는 동고동락하시며 음식을 나누시며 많은 가르침을 주셨음을 우리는 잘 알고 있습니다.

음식을 먹는 식사는 하느님께서 주시는 은혜의 시간이며, "서로 사랑하라" (요한 13, 34)는 하느님의 계명을 구체적으로 실천할 수 있는 친교와 나눔과 봉사의 시간입니다. 하느님께서는 당신의 말씀을 따르고 실천한 사람들을 하늘나라에 초대하시어 "천상의 음식"(Panis angelicus)을 주실 것입니다. 우리는 천국에서 맛볼 영원한 잔치를, 이 세상에서는 예수님께서 스스로 빵이 되어 우리에게 오시며(Panis hominum), 당신의 사랑을 영원히 기억하라는 "미사성제"를 통해 체험하고 있습니다.

예수님의 하늘나라 선포를 통해 그것을 받아들이는 사람들에게 주실 영원한 생명은 빵과 포도주가 예수님의 말씀을 통해 거룩히 변화되는 예수님의 성체와 성혈을 영함으로써 시작되며 완성되어 갈 것입니다.

예수님께서는 사람의 안으로 들어가는 모든 음식은 깨끗하다고 하셨습니다. (마르 7, 19 참조) 그 음식들은 우리의 살과 피가 되고 정신과 영혼을 형성합니다. 우리 인간은 하루 삼시세끼를 먹으며 생명을 유지합니다. 우리가 매일 먹어야 할 음식은 예수님께서 가르쳐주신 "주님의 기도"에 나오듯이, 우리가 기도 안에서 하느님께 겸손되이 청해야 할 생명의 원천입니다.

노봉수 교수님은 이 책에서 중요한 음식들의 소재인 빵, 포도주, 밀알, 겨자씨, 포도나무, 누룩, 고기, 피, 돼지고기, 만나와 메추라기, 올리브나무, 단식, 소금, 선악과, 향유, 토마토, 김치, 동지 팥죽 등에 대해 다루고 있습니다. 노교수님은 이러한 음식들의 식품 공학적인 의미와 영양학적인 의미를 곁들여 고찰함으로써, 예수님의 음식에 대한 말씀들이 가진 깊은 뜻을 헤아릴 수 있게 해 줍니다.

노교수님의 전공과 신앙이 만나 조화를 이룬 **"영혼과 육신을 살리는 음식이야기 – 신앙의 식탁"** 이 이 책을 읽는 분들에게 우리가 매일 먹는 육신의 양식인 음식과 영혼의 양식인 신앙을 조화롭게 영위하면서, 이승의 행복과 희망 그리고 저승에서의 영원한 생명을 위한 귀중한 가르침이 되기를 소망합니다.

2025년 4월 20일
김웅태(요셉) 신부

목차

- 책머리에 ------------------------------------ 1
- 추천의 글 (전원 신부님) ------------------- 6
- 축하의 말씀 (김웅태 요셉 신부님) ----------- 8

✠ **Part 1. 하늘의 양식(성경 속 음식 이야기)** ✠ -------- 15
- 포도주 발효를 눈 깜짝할 사이에 ------------------ 17
- 밀알이 썩어야 ------------------------------ 29
- 나는 참포도나무다 --------------------------- 31
- 아주 작은 겨자씨 ---------------------------- 41
- 잎만 무성하고 열매가 없던 무화과 -------------- 50
- 좋은 누룩과 나쁜 누룩의 의미와 상징 ----------- 55

- 빵의 상징성과 식품과학적 의미 ------------------ 61
- 고기는 어떤 의미를? --------------------------- 69
- 피를 먹지 말라 ------------------------------- 76
- 돼지고기 : 신앙적 접근과 과학적 시각의 조화 ------ 83
- 성경 속 식품위생 규례 ------------------------- 87
- 만나와 메추라기 ------------------------------ 97
- 올리브나무, 축복과 회복의 상징 ---------------- 104
- 물고기의 의미 ------------------------------- 110
- 단식은 왜 할까? ----------------------------- 121
- 소금의 역할로 바라본 그리스도인의 삶 ----------- 131
- 새 부대의 의미와 새로운 신앙의 길 ------------- 142
- 선악과는 사과인가, 무화과인가? ---------------- 149
- 향유의 성서적 의미와 식품과의 연관성 ----------- 156

- 젖과 꿀이 흐르는 땅은 어딜까? --------------- 166

✠ **Part 2. 신앙과 음식의 만남** ✠ --------------- 171

- 영혼도 배설할 수 있을까? ------------------- 173

- 부활절 음식과 김치 ---------------------- 180

- MSG 취급받던 예수님 -------------------- 190

- 잘못 알았던 토마토의 변신 ------------------ 195

- 동지 팥죽과 인간의 두려움 ------------------ 201

✠ 참고문헌 ✠ ---------------------------- 207

✠ 편집 소감 ✠ --------------------------- 211

Part 1. 하늘의 양식

(성경 속 음식 이야기)

〈오병이어-은총의 식탁〉 노현경, 2025, 일러스트

 ## 포도주 발효를 눈 깜짝할 사이에

　카나의 혼인 잔치 이야기(요한복음 2장)는 예수님의 공생활을 여는 첫 번째 기적으로, 물이 포도주로 변화하는 놀라운 장면을 담고 있다. 이 이야기는 식품과학적 관점에서도 깊이 있는 통찰을 제공한다. "발효"는 단순한 화학 반응이 아니라 시간과 변화가 있어야 하는 과정이다. 이는 신앙과 성장, 변화와 구원, 그리고 새 생명에 대한 깊은 메시지를 내포하고 있다. 그렇다면, 포도주 기적을 발효와 식품과학의 관점에서 어떻게 해석할 수 있을까?

> 그런데 포도주가 다 떨어지자 예수님의 어머니가 예수님께 "포도주가 없구나." 하였다. 예수님께서 어머니에게 말씀하셨다. "여인이시여, 저에게 무엇을 바라십니까? 아직 저의 때가 오지 않았습니다." 그분의 어머니는 일꾼들에게 "무엇이든지 그가 시키는 대로 하여라." 하고 말하였다. (요한 2, 3-5)
> 　예수님께서 일꾼들에게 "물독에 물을 채워라." 하고 말씀하셨다. 그들이 물독마다 가득 채우자, 예수님께서 그들에게 다시, "이제는 퍼서 과방장에게 날라다 주어라." 하셨다. 그들은 곧 그것을 날라 갔다. 과방장은 포도주가 된 물을 맛보고 어디에서 났는지 알지 못하였지만, 물을 퍼 간 일꾼들은 알고 있었다. (요한 2, 7-9)

결혼식은 참으로 흥겨운 잔치이다. 사랑하는 사람 사이를 매듭지어주는 행사인데 두 사람만 연결하기보다는 두 집안이 하나가 되는 큰 행사이다. 그런데 이런 큰 행사를 결혼식만으로 끝내기는 어렵고 결혼 잔치가 이어져 두 집안 사람들 간에 인연을 만들어 간다. 그래서 지역의 특산물도 내놓고 푸짐한 잔칫상을 벌여 대접한다. 전라도 지방에서는 홍어를, 경북지방에서는 문어를, 제주도에서는 흑돼지를 잡기도 한다. 여기에 각 지역의 가양주들도 함께 제공하여 분위기를 더욱 고조시키기도 한다. 잔치는 지역에 따라 1주일 또는 한 달 동안 혼인 잔치가 치러진다. 유대 지역에서 포도주는 두 가문의 식구들과 친척들이 친해지는 기회를 만들어주는 중요한 역할을 한다.

카나의 혼인 잔치는 당시 유대 사회에서 중요한 행사로, 손님을 초대하고 잔치를 여는 것은 가족의 명예와 직결된다. 예수님도 어머니를 따라 혼인 잔치에 초대되어 축하하러 갔다가 즐겁게 마시던 포도주가 모자라 당황한 사건을 맞이하게 되었다. 고대 이스라엘에서 포도주는 단순한 음료가 아니었다. 물이 오염되어 직접 마시기 어려운 시대에, 발효를 통해 안전한 음료로 탄생한 포도주는 생존과 연결된 중요한 식품이었다. 특히, 잔치에서 포도주는 풍요와 기쁨의 상징이었으며, 잔치의 질과 주인의 명성을 드러내는 중요한 요소였다. 카나의 혼인 잔치에서 포도주가 떨어진 것은 단순한 불편을 넘어 잔치의 흥망을 결정짓는 중대한 문제였다. 이는 주인에게 큰 수치가 될 수도 있는 상황이었다.

예수님은 본의 아니게 어머니 마리아의 강요를 받게 되는데 이러한 상황에서 기적을 통해 사람들의 필요를 채워주셨다. 그것도, 단순히 부족한 포도주를 채우는 것을 넘어 지금보다 훨씬 나은 최고 품질의 포도주를 만들어내셨다. 이 기적은 단순한 문제 해결이 아닌, 넘치도록 풍성한 기쁨과 은혜를 상징한다. 예수님의 기적은 이러한 필요에 대한 응답으로 볼 수 있다. 신앙인들에게는 하느님이 우리의 필요를 아시고 채워주신다는 믿음을 갖게 만드는 메시지를 전달하는 계기가 되었다고 본다.

이런 상황에서 예수님은 물을 포도주로 변화시키는 기적을 행하셨다. 예수님의 공생활 중 왜 하필이면 술을 만드는 기적을 첫 번째 기적으로 하였을까?

♎ 물에서 포도주로 : 시간의 초월성

물을 포도주로 바꾸는 과정은 과학적으로 보면 경이로운 변화를 포함한다. 포도주는 보통 발효라는 복잡한 과정을 거쳐 탄생한다. 먼저 포도를 압착해 즙을 얻고 포도 속의 당분이 효모나 곰팡이에 의해서 포도당이나 과당으로 분해되고, 이어 분해된 당이 알코올로 전환되는 과정이다. 최종적으로 숙성을 통해 깊고 풍부한 맛과 향을 완성한다. 이 모든 과정은 보통 며칠에서 몇 주, 심지어 몇 년이 걸릴 수 있다. 포도주는 산소가 차단된 조건에서 잘 보관하여서 한 달 정도의 발효 기간이 지나야 반응이 일어나 좋은 포도주가 만들어진다.

결혼식 날짜에 잘 맞추어 좋은 포도주를 만들어 제공한다는 일은 결혼식 준비 과정에서 매우 중요한 일 중에 하나라고 볼 수 있다. 하지만 예수님의 기적은 이 모든 단계를 순간적으로 실현했다. 이 사건은 시간을 초월한 창조주의 능력을 보여준다. 창조주는 시간의 흐름에 구애받지 않으시며, 그분의 뜻에 따라 즉각적으로 새로운 것을 만들어낸다.

"물이 포도주로 변했다"라는 사실은 단순한 화학적 변화가 아니다. 시간이 흐르고 변화가 있어야 하는 과정이다. 이는 신앙이 성장하고, 내적인 변화를 통해 구원 사업에 참여하고, 그리고 새 생명에 대한 깊은 메시지를 내포하고 있다.

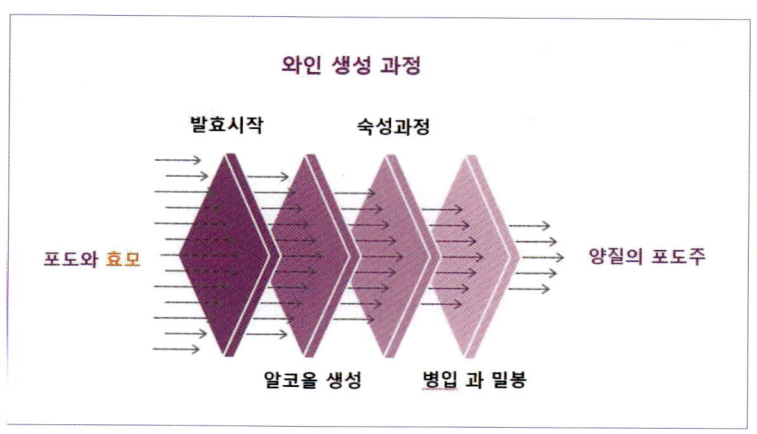

♎ 예수님의 창조적인 능력

술이 떨어졌을 때 "물독에 물을 채워라." 라고 말씀하시곤 그것을 과방장에게 날라다 드리라고 하였다. 일하던 일꾼들도 포도주의 원료가 되는 것이 무엇이라는 정도는 다 알고 있는데 원료 성분은 하나도 집어넣지 않고 그냥 물만 채우라고 하니 도저히 이해되지 않았다. 이런 사실이 기록으로 남아 복음에 소개된 것을 보면 첫 번째 기적을 통해서 우리에게 던져주는 메시지가 있다고 생각한다.

포도주 속에는 물과 알코올 그리고 포도 향기를 비롯한 향기 성분들이 포함되어 있다. 또, 제조 방법에 따라서 단맛성분들이나 떫은맛을 나타내는 타닌 성분들이 함유되기도 한다. 그 외에 색소 성분도 포함이 된다. 이렇게 여러 성분이 함유된 포도주를 단순히 물로 만들었다는 사실은 믿을 수가 없는 일이다.

물에서 성분이 전혀 다른 알코올이 만들어졌다. 무색에서 붉은 자줏빛 색의 포도주로 바뀌었다. 아무런 맛이 없는 상태에서 약간 단맛과 타닌의 떫은맛이 깃든 최고의 맛으로 바뀌었다. 아무런 향기가 없는 무취 상태에서 향기가 좋은 맛있는 포도주가 되었다. 한마디로 무에서 유를 창조하였다는 이야기이다.

어려움 속에서도 오히려 신앙은 깊어질 수 있다. 발효 과정에서 미생물은 포도즙을 변화시키며, 때때로 강한 향과 맛을 만들어낸다. 마찬가지로, 우리의 삶에서도 고난과 인내의 과정을 극복하고 나갈 때, 그것이 오히려 깊은 신앙을 형성하는 원동력이 될 수 있다.

♎ 최고의 포도주 : 풍미의 완성

시간을 초월하시는 분이시며 이처럼 무에서 유를 창조하실 수 있으니, 이분은 바로 하느님이 보내신 분 하느님의 아들임을 보여주고 있는 것이 아니겠는가! 거기다

맛까지 최상급이라니 놀라운 일이었다.

　과방장은 새로운 포도주를 맛본 뒤 "지금까지의 포도주보다 훨씬 낫다."라고 감탄했다. 이는 기적의 초자연적 성격을 드러낼 뿐 아니라, 좋은 포도주를 구성하는 요소에 대해 생각하게 만든다. 포도주의 품질은 산도, 당도와 알코올의 균형, 풍미를 구성하는 다양한 화학적 요소의 조화에서 비롯된다. 특히 폴리페놀과 같은 성분은 포도주의 색과 맛의 복잡성을 형성한다. 사실 포도주의 향미는 다양하여 사람마다 좋아하는 타입이 다른데 하객들의 취향까지도 다 알고 계신 것 같은 모습을 엿볼 수 있다. 예수님이 만드신 포도주는 이러한 모든 요소에서 완벽함을 보여주었다.

　포도주는 "새로운 본질"로 변화된 모습이다. 포도즙과 포도주는 물리적으로 다르다. 포도즙은 단순한 과일즙이지만, 포도주는 발효를 통해 성숙과 변화를 거친 새로운 존재이다. 물이 포도주로 변한 것은 본질적인 변화, 즉 새로운 피조물이 되는 구원의 은혜를 상징한다. 우리가 그리스도인이 된다는 것은 새로운 존재로 변화하는 것이다.

Ω 기적이 전하는 메시지

카나의 기적은 단순한 물리적 변화 이상의 의미를 담고 있다. 이는 풍요와 새로운 시작을 상징하며, 예수님이 하느님의 아드님임을 드러내는 사건이다. 무에서 유를 창조하듯, 단순한 물이 복합적이고 완벽한 포도주로 변한 것은 창조주의 능력을 보여주는 증거이다.

일상적으로 접하는 음식과 음료도 신비롭고 경이로운 과정을 통해 우리 앞에 놓인다. 이 기적은 그 과정을 초월하는 창조주의 손길을 상기시킨다.

카나의 혼인 잔치 이야기는 단순히 과거의 사건을 떠올리는 것이 아니라, 우리 삶 속에서 창조주와의 관계를 새롭게 이해할 기회를 제공한다. 이 이야기를 통해 자연의 조화와 그 너머에 있는 예수님의 신성 세계를 느끼게 된다.

하느님의 아들로서 공생활을 하기에 앞서 '나'라는 존재는 어떤 존재인가 하는 점을 먼저 사람들에게 인식시킬 필요가 있었다고 본다. 자연의 법칙을 초월하는 신적인 권위를 가지고 있음을 보여주셨다. 전지전능하신 하느님이 보내신 사람의 아들임을 만천하에 알려주고자 하였던 것으로 이제 비로소 하느님의 구원 사업이 시작함을 암시하고 있다고 생각한다.

이 기적은 예수님의 공생활 시작을 알리는 사건으로, 오늘날 신앙의 여정을 시작하는 사람들에게도 중요한 의미가 있다. 예수님을 믿고 따르는 것이 어떻게 삶의 변화를 불러올 수 있는지를 보여주는 사례라고 여겨진다.

> 누구든지 그리스도를 안에 있으면 그는 새로운 피조물입니다. 옛 것은 지나갔습니다. 보십시오, 새것이 되었습니다. (2코린 5, 17)
>
> "누구든지 위로부터 태어나지 않으면 하느님의 나라를 볼 수 없다." (요한 3, 3)

예수님은 단순한 변화를 넘어서, 본질적인 변화를 이룬다. 물이 포도주로 바뀐 것처럼, 예수님을 믿는 사람은 믿기 이전과는 완전히 다른 새 삶을 얻게 된다. 신앙은 단순히 '좋은 삶'을 추구하는 것이 아니라, 완전히 새로운 생명을 얻는 과정이다. 일반인들의 기준에 비하면 힘들고 고생이 되는 어려운 과정을 살아간다.

신앙은 일종의 발효 과정을 거쳐서 인간이 하느님 안에서 변화되는 과정이다. 하느님께서는 우리를 포도즙과 같은 미숙한 상태에서 포도주 같은 성숙한 존재로 이끌어 준다. 때로는 고난과 기다림이 필요하지만, 결국 우리를 가장 아름다운 모습으로 완성하신다.

♌ 물, 피, 포도주의 연결성 : 구원 사업

구약에서 모세가 이집트 땅에서 이스라엘 민족을 해방하기 위해 하느님의 뜻을 전할 때, 하느님은 모세를 통해 이집트의 모든 물을 피로 변하게 하는 기적을 보이셨다. 이는 물이 피로 바뀌는 놀라운 변화로, 하느님의 권능을 보여주는 사건이었다.

또한, 카나의 혼인 잔치에서 예수님께서는 물을 포도주로 바꾸는 기적을 통해 자신의 신성을 드러내셨다. 이 사건은 그분이 전지전능하신 하느님의 아들이심을 보여주는 상징적 기적이었다. 카나의 포도주 기적과 최후의 성찬(聖餐)과는 서로 연결되어 포도주가 단순한 음료가 아니라 예수님의 피로 맺는 새로운 언약임을 예표 하시는 것이라 생각한다. 예수님께서는 포도주를 통해 새로운 구원의 시대가 도래하였음을 선포하셨다. 즉, 카나에서의 포도주 기적은 단순한 혼인 잔치의 기적이 아니라, 예수님께서 주실 "구원의 새 언약"을 상징하는 사건이었다.

그래서 최후의 만찬에서는 예수님께서 제자들에게 **"이 포도주는 나의 피"** 라고 선언하시며 이를 기념하라고 명하셨다.

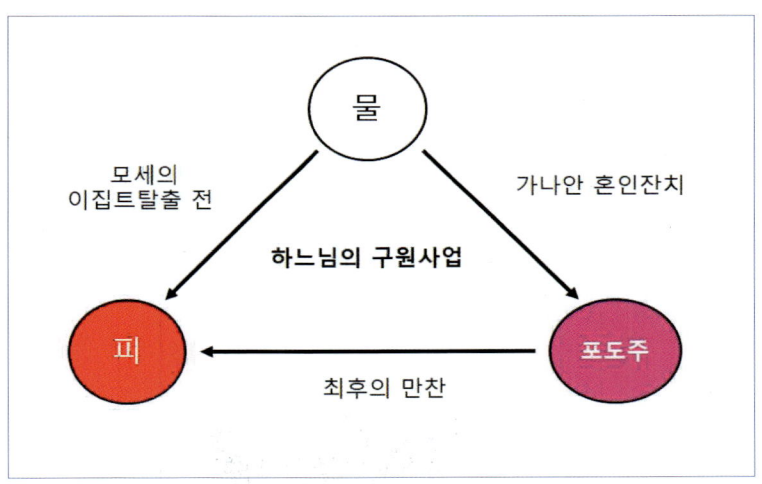

이 일련의 사건들을 살펴보면, 구약 시대부터 신약에 이르기까지 하느님의 구원 사업이 하나의 일관된 흐름 속에서 전개되고 있음을 알 수 있다. 물이 피로 변하고, 물이 포도주로 변하며, 결국 포도주가 그리스도의 피로 선포되는 과정은 단순한 기적을 넘어 구원의 신비를 드러낸다. 오늘날 우리 안에서도 이런 변화가 일어나야 한다. 성체를 모심으로써 그리스도와 하나가 되는 새로운 변화를 통하여 그리스도를 닮으려고 생활해야 할 것이다.

물이 포도주로 변했듯, 우리는 예수님 안에서 새로운 피조물이 되는 것이다. 신앙은 단순한 개선이 아니라, 완전히 다른 존재로 변화하는 것이다.

밀알이 썩어야

> 내가 진실로 진실로 너희에게 말한다. 밀알 하나가 땅에 떨어져 죽지 않으면 한 알 그대로 남고, 죽으면 많은 열매를 맺는다. (요한 12, 24)

밭에 씨를 뿌려본 사람은 씨앗이 싹을 틔우는 과정을 통해 생명의 신비를 직면하게 된다. 씨앗이 땅에 떨어지면 수분을 흡수하면서 효소의 작용이 활발해지고, 곧 발아가 시작된다. 이때 겉껍질이 부서지고 내부 물질이 변화하면서 마치 "썩는" 듯한 모습을 보인다. 겉으로 부패처럼 보이지만, 실제로는 새로운 생명이 탄생하는 전환점이자 변화의 시작이다. 씨앗이 변화하지 않으면 단단한 껍질이 유지되어 새싹이 밖으로 나올 수 없다. 결국, 이 과정을 거쳐야만 새로운 생명이 세상에 모습을 드러낼 수 있는 것이다.

이렇게 씨앗은 본래의 모습을 버리고 완전히 새로운 형태로 거듭나며, 땅 위로 새싹을 내밀고, 결국 풍성한 열매를 맺는다. 썩음을 통해서 생명을 이어가고, 더 많은 씨앗을 만드는 순환이 시작된다. 이는 자연계에서 모든 곡식과 채소가 종족을 보존하고 풍요로운 열매를 맺기 위해 반드시 거쳐야 하는 생명의 이정표입니다.

예수님께서 말씀하신 "밀알 하나가 땅에 떨어져 죽지 않으면 한 알 그대로 남고, 죽으면 많은 열매를 맺는다."라는 단순한 자연 현상을 넘어 희생과 헌신의 원리를 잘 보여준다. 밀알의 죽음은 자기 포기 과정이며, 이를 통해 새로운 생명이 탄생한다. 이 말씀은 예수님의 십자가 희생을 통해 인류 구원이 이루어진다는 신학적 의미로 해석된다. 예수님은 자신을 하나의 밀알로 비유하시며, 자신이 죽음으로써 많은 이들에게 생명을 줄 것임을 예고하셨다. 이 말씀은 단순히 예수님의 죽음을 넘어, 우리 각자가 희생과 헌신을 통해 더 큰 열매를 맺을 수 있다는 교훈을 담고 있다.

식품과학적 관점에서 "씨앗이 변화하는" 과정은 발효 원리와 닮았다. 발효는 미생물이 작용하여 원료가 새로운 물질로 변화하는 과정이다. 예를 들어, 곡물이 발효되면 알코올, 유기산, 비타민 등 새로운 유익한 물질이 생성되며, 이는 인간에게 유용한 식품으로 변한다. 겉으로는 물질이 변화하고 분해되는 것처럼 보이지만, 실제로는 새로운 생명력과 가치가 태어난다. 씨앗의 썩음도 이와 유사하다. 그것은 단순히 소멸이 아니라, 생명을 위한 구조의 재편성이다.

씨앗은 죽음과 생명의 갈림길에서 새로운 생명을 선택하라는 요청을 받는다. 이 과정은 고통스러울 수 있지만, 더 큰 생명으로 나아가는 필연적인 과정이다. 이 원리는 우리 삶에도 적용된다. 이기심과 욕망을 내려놓고, 자신을 희생하고 헌신할 때, 우리 안에서도 새로운 변화와 열매가 맺힙니다. 씨앗이 본래의 형태를 포기하고 열매를 맺는 것처럼, 우리도 새로운 생명과 성장을 위해 자신을 비워야 한다.

　신앙인은 늘 새로운 생명을 선택하라는 요청을 받는다. 예수님의 제자가 된다는 것은 이 세상에서 희생으로 산다는 것이다. 사실 예수님을 섬기려는 이는 자기 뜻대로가 아니라 그분께서 사신 것처럼 살아야만 한다. 단순히 숨을 쉰다고 '다 살아 있다.' 말할 수 없습니다. 마음을 열어 고통받는 이들에게 생명을 불어넣는 이가 진정한 생명을 살아가는 사람이다. 생명의 싹을 키우려면, 욕망을 버리고 사랑을 심어야 한다. 남을 위해 헌신은 곧 자신을 내어주는 작은 죽음이며, 거기서부터 새로운 삶이 시작된다.

　그렇다면 과연 우리는 어떤 삶을 살고 있을까요? 희생하지 않는 것은 물론이고, 자신을 낮추는 이를 오히려 어리석게 여긴다. 희생하지 않으면 밀알이 썩는 이치를 제대로 이해할 수가 없다. 죽어서 썩지 않으면 하늘에서 주어지는 성령의 생명력을 얻을 수 없다. 스스로 희생하지 않는데 어찌 기쁨이 자신과 이웃에게 주어질 수 있을까요? 그러니 하느님과 이웃 사랑을 열성으로 실천해야만 한다. 선을 행하려는 '올바른 뜻'이 아니라, 내가 무언가를 얻으려는 '다른 뜻'을 결코 가져서는 안 된다.

세례받은 신앙인으로서 산다는 것은 예수님의 죽음과 부활에 동참한다는 것을 뜻한다. 하지만 그렇게 그분 뜻대로 베풀다 보면 내 삶이 바닥나는 것이 아닐까 하는 두려움도 든다. 주변에는 늘 자기만 생각하고 자신에게 유리한 것만 챙기려는 이들이 적지 않기 때문이다. 한 면만을 보면 그런 이들이 편안하고 손해도 보지 않고 사는 것처럼 보일 수 있다. 그러나 시간이 지나면 그들의 삶이 결코 행복한 것만은 아니었다는 사실이 드러난다.

오히려 비움과 포기를 통해 더 많은 것을 얻게 된다는 진리를 기억해야 한다. "자기만을 사랑하는 이는 정녕 목숨을 잃을 것이고, 자기 목숨을 미워하는 이는 영원한 생명을 얻을 것이다." 만일 이웃과 사회를 위해 헌신한 분들이 없었더라면, 세상은 지금보다는 더 어두웠을 것이다. 사람이 손을 쥐고 어미 배에서 나오지만, 세상

떠날 때는 손을 편다고 한다.

곧 손을 펴지 않으면 죽음 뒤의 영원한 생명을 얻을 수 없는 이치이다. 그래서 죽음 앞에 모든 것을 버리고 움켜쥔 그 손을 쫙 펴는 게 아닌지요? 우리의 삶 자체가 바로 이렇게 손 펴는 연습이고 훈련이라 여겨진다. 이러한 삶을 산다면 우리는 영원한 생명을 얻게 될 것이다. "가난한 이들을 위한 가난한 교회가 되십시오." 라는 프란치스코 교황님의 말씀이 새삼 새롭게 다가온다.

결국, 밀알의 썩음은 생명의 시작이며, 자기 비움의 상징이고, 더 큰 열매를 맺기 위한 준비이다. 이 원리는 자연만이 아니라 신앙과 삶에도 그대로 적용된다. 우리가 씨앗처럼 자신을 내어줄 때, 우리 또한 새로운 생명과 풍요로운 열매를 맺는 도구가 될 것이다.

나는 참포도나무다.

포도는 고대부터 중요한 식량이자 음료의 재료로 사용됐다. 포도 열매는 12~17%의 당분(포도당, 과당 등)을 포함하고 있으며, 비타민 C, A, E, K, B1, B2, 비오틴이 풍부하다. 또한 칼륨, 인, 철분 등의 미네랄과 주석산, 타닌 같은 유기산도 포함되어 있어 신진대사를 촉진하고 에너지 생성을 도우며, 노폐물 배출을 원활하게 한다. 항산화 물질인 베타카로틴, 안토시아닌, 레스베라트롤은 면역력을 강화하고 노화를 늦춘다. 이런 특성 덕분에 건강식품으로서뿐만 아니라 상징적인 의미로도 여러 문화와 종교에서 중요한 위치를 차지해 왔다.

♎ 포도와 지중해성 기후의 관계

포도는 지중해성 기후나 해양성 기후에서 잘 자라는 식물이다. 예수님이 활동하셨던 유대 지방 역시 포도 재배에 적합한 지역이었다. 포도는 유대인들의 일상과 신앙에 밀접하게 연결되어 있었고, 카나의 혼인 잔치에서 예수님이 물을 포도주로 바꾸신 기적, 포도원 소작인의 비유(마태 21, 33-46) 그리고 마지막 만찬에서의 포도주 사용 등은 이를 잘 보여준다.

예수님께서 "나는 참 포도나무다"라는 비유를 사용하신 것도 포도나무가 유대 문화에서 갖는 상징성과 더불어 포도나무를 돌보는 과정을 통해 신앙의 본질을 설명하기에 적합했기 때문이다. 포도나무와 그 가지는 단순히 자라기만 해서는 풍성한 열매를 맺을 수 없으며, 가지치기, 해충 방제, 영양 공급, 그리고 햇빛과 물 공급 등 세심한 관리가 필요하다.

♎ 포도나무의 성장 조건과 관리

포도 열매가 풍성히 맺히기 위해서는 몇 가지 필수적인 조건이 있다. 첫째, 포도나무는 배수가 잘되는 토양에서 잘 자라며, 토양의 pH는 6.0에서 6.8 사이가 적합하다. 둘째, 토양에 충분한 유기물과 비료를 공급해야 하는데, 특히 질소, 인, 칼륨 등의 영양소가 균형 있게 제공되어야 한다. 셋째, 포도나무는 하루 최소 6시간 이상의 햇빛이 있어야 하며, 온도는 20~30도가 이상적이다. 이러한 조건들은 자연의 선물이며, 인간의 힘으로 조작할 수 없는 창조주의 은혜임을 상기시킨다.

특히, 가지치기는 포도나무 관리에서 핵심이다. 말라 버리거나 불필요한 가지는 잘라야 햇빛과 영양분이 알맞게 분배된다. 또한, 가지가 지나치게 촘촘하면 통풍이 원활하지 않아 병해충에 취약해지므로 가지마다 적당한 간격을 유지해야 한다. 가지가 무성하게 자라거나 해충의 피해를 보면, 열매의 품질과 수확량이 심하게 감소할 수 있다. 그런 연유로 포도나무를 정기적으로 점검과 관리가 필요하다. 이런 과정은 우리들의 신앙생활을 돌아보고 다듬는 일과도 맞닿아 있다.

♎ 포도나무와 신앙의 비유

예수님은 "나는 참포도나무요, 너희는 그 가지다"라고 말씀하시며, 우리들이 그분 안에 머물러야 한다고 가르치셨다. (요한 15장). 이는 단순히 신앙을 고백하는 것만으로는 부족하며, 지속적인 관계와 성찰을 통해 하느님과의 연결을 유지해야 함을 뜻한다. 예수님 안에 머무르지 않는 가지는 마치 나무에서 잘린 가지처럼 시들어버릴 뿐이다.

특히, 신앙생활에서의 기도, 말씀 묵상, 고해성사, 피정, 성지 순례와 같은 영적 여정은 하느님과의 관계를 점검하고 새롭게 하는 시간이다. 이는 가지가 줄기에 붙어 있어야 영양을 공급받고 열매를 맺듯 신자들도 예수님 안에 머물러야 생명력을 유지할 수 있다는 점을 일깨운다.

♌ 열매 맺는 삶

신앙생활은 열매로 이어져야 한다. 예수님은 우리가 맺어야 할 열매를 다양한 차원에서 설명하셨다.

첫 번째 열매는 성령의 열매다. 바오로 사도는 갈라디아서에서 성령의 열매로 사랑, 기쁨, 평화, 인내, 친절, 선함, 충성, 온유, 절제를 언급하며 (갈라 5, 22-23), 이는 신자들이 하느님과 올바른 관계를 통해 얻는 내적 변화와 영적 성숙을 보여준다.

두 번째 열매는 복음을 전하는 열매이다. 이는 신자들이 자신의 모범적인 삶을 통해 복음을 증거하고, 이웃들을 하느님께 인도함으로써 신앙 공동체가 확장되는 결실을 보게 한다.

세 번째 열매는 일상의 선행과 윤리적 변화이다. 신

자들은 삶 속에서 도덕적이고 윤리적인 변화를 이루어, 이웃들에게 선한 영향력을 미치며, 이를 통해 하느님께 영광을 돌리는 삶을 살아가게 된다.

네 번째 열매는 순종의 열매이다. 이는 하느님의 뜻에 따라 살아가는 삶을 의미하며, 자기중심적인 삶에서 벗어나 하느님 말씀에 따라 행동하는 자세를 보여주는 것이다.

♎ 포도나무 가지치기의 영적 의미

포도나무에서 가지치기는 건강한 열매를 맺기 위해, 필요하다. 마찬가지로 신앙에서도 가지치기와 같은 영적 훈련이 요구된다. 가지치기는 삶에서 불필요한 것과 하느님과의 관계를 방해하는 나쁜 습관이나 유혹 등을 제거하는 작업이다.

가지치기의 영적 의미는 두 가지로 구체화할 수 있다.

첫째, 회개와 정화의 과정이다. 고해성사와 같은 회개의 실천은 신앙의 가지치기에 해당한다. 고백과 용서를 통해 신자들은 자신을 새롭게 하고 하느님과의 관계를 회복한다. 이는 성찰과 반성, 그리고 내적 변화를 통한 영적 성장의 과정을 말한다.

둘째, 유혹과 죄를 뿌리치는 힘이다. 가지치기를 통해 약한 가지와 해충을 제거하듯, 신앙생활에서는 유혹과 악한 영향을 배제하는 힘이 필요하다. 기도와 묵상, 피정은 이러한 영적 면역력을 키우는데 도움을 준다.

이런 가지치기는 때로 고통스럽고 어려운 과정이지만 가지치기를 통해 우리는 더 건강하게 성숙하며, 풍성한 열매를 맺게 된다.

예수님은 포도나무 비유를 통해 신앙의 본질을 단순하지만 심오하게 전달하셨다. 포도나무의 성장과 가지치기는 하느님과 올바른 관계를 유지하고, 의미 있는 열매를 맺는데 필요한 신앙의 자세를 가르친다. 우리는 단순히 포도나무에 붙어 있는 가지가 아니라, 하느님의 은혜로 풍성한 열매를 맺는 가지가 되어야 한다.

이를 위해 우리는 정기적으로 신앙을 점검하고 하느님께 더 가까이 나아가며, 그분의 뜻에 따라 열매를 맺는 삶을 살아가야 한다. 이러한 노력은 단지 개인의 신앙을 위한 것이 아니라, 공동체와 세상을 위한 하느님 나라의 확장을 위한 것이다. 우리가 예수님 안에 머무르며, 그분의 가르침을 따를 때, 포도나무 가지로서 풍성한 열매를 맺을 수 있을 것이다. 그 열매는 사랑, 기쁨, 평화, 그리고 세상을 변화시키는 복음의 능력으로 드러날 것이다.

아주 작은 겨자씨

> 예수님께서 또 다른 비유를 들어 그들에게 말씀하셨다. "하늘 나라는 겨자씨와 같다. 어떤 사람이 그것을 가져다가 자기 밭에 뿌렸다. 겨자씨는 어떤 씨앗보다도 작지만, 자라면 어떤 풀보다도 커져 나무가 되고 하늘의 새들이 와서 그 가지에 깃들인다."
> (마태 13, 31-32)

겨자씨는 지름 2밀리미터도 되지 않는 작은 씨앗이지만, 자라면 3~5미터에 달하는 큰 나무로 성장한다. 자연 속에서도 보기 드문 놀라운 성장으로 당시 농업 사회에서 더욱 주목받았다.

겨자는 단순히 먹을거리일 뿐 아니라 약으로도 활용되었다. 겨자는 기름으로 추출해 동상, 만성 류머티즘, 신경통 치료제로 사용되었고, 씨를 말려 가루로 만들어 찜질 약으로 활용되었다. 또한 겨자는 우리나라에서도 고추가 도입되기 이전까지 생강, 마늘, 산초와 함께 중요한 향신료로 쓰였으며, 냉면이나 겨자채같이 여름철 상하기 쉬운 음식에서 항균 효과를 위해 사용되었다.

Ω 겨자씨 비유와 하느님 나라

　　예수님은 겨자씨 비유를 통해 하느님 나라의 신비를 설명하셨다. 하느님 나라가 작고 보잘것없어 보이는 시작에서 놀라운 성장과 큰 변화로 이어진다는 점을 강조하기에 적절하였다. 농부들이 일상적으로 접하는 식물을 예로 들어 비유를 말씀하신 것은 청중이 쉽게 이해하고 기억할 수 있도록 돕기 위한 것이었다.

　　예수님의 겨자씨 비유는 유대교 문화뿐만 아니라 다른 종교와 철학 속에서도 유사한 의미로 사용되었다. 유대교 랍비들은 가장 작은 것을 나타내기 위해 겨자씨를 자주 언급했으며, 이슬람 경전인 쿠란에서도 겨자씨는 비유적으로 등장한다. 불교에서는 겨자씨를 극히 작은 물질로 비유하며, 시간적 개념에서도 '개자, 겁'과 같은 표현을 통해 무한히 작은 것과 큰 시간의 단위를 동시에 드러냈다.

　　팔레스타인 지방의 검은 겨자는 작은 씨앗에서 시작해 빠르게 자라 큰 나무가 되는 특징이 있다. 하느님 나라가 어떻게 성장하는지를 상징적으로 보여준다. 겨자씨를 비유의 대상으로 말한 것은 변화되는 정도가 상당히 빠르고 변화의 폭이 크다는 점을 강조한 것으로 보인다.

☘ 조그만 변화에서 시작

마찬가지로 우리의 일상에서도 작은 선택과 실천이 모여 큰 변화를 만들어낸다. 일상적인 식습관과 사소한 습관 하나가 결국 삶 전체에 영향을 주는 것처럼 신앙도 작은 시작으로부터 출발하여 점차 성숙해진다. 누룩이 반죽 전체를 부풀리게 하듯 하느님 나라는 보이지 않게 자라지만 그 영향력을 커집니다.

☘ 정원에 뿌린 겨자씨

루카 복음에서는 특별히 겨자씨를 밭에, 정원에 뿌렸다고 하였는데 당시 사람들도 들판과 텃밭을 구분하여 농사를 지었다. 들판에서 마구 자라는 야생 겨자가 아니라 집 근처 밭에서 가꾼 겨자씨는 정성을 들인 것으로 그렇지 않고 야생에서 키운 것과는 소출량의 차이가 있어 하느님 나라는 사람들이 어떤 정성 들여 가꾸어야 하는지를 암시하고 있다.

50여 년 전 수원의 농촌진흥청 옆에 있는 서호 저수

지로부터 물이 흘러 내려가는 개울가에 야생 볍씨를 뿌려 놓았는데 홍수가 나거나 가뭄이 발생하여도 아무런 손길을 주지 않는 가운데에도 수확 때가 되면 평균적으로 50~60%의 소출을 확실히 확보할 수가 있었다. 하지만 옆 농장에서 정성을 들여 모내기하고 연구원들의 관심 속에 정성을 들인 벼들은 항상 자연 상태의 벼보다 훨씬 많게 수확하였다. 정성을 들인 것만큼 효과적이라는 사실을 단적으로 보여주었던 한 예이다. 하늘나라가 더 풍성한 열매를 맺을 수 있는 것도 얼마만큼 우리가 책임을 다하고 정성을 다하느냐에 따라 달라진다는 의미이다.

♌ 겨자씨와 하느님 나라의 성장

하느님 나라는 사회적으로 낮은 지위에 있는 사람들, 죄에서 회개한 이들, 병으로 소외된 이들, 그리고 평범한 어부나 농부들과 같은 이들로부터 시작되었다. 하느님 나라가 크게 성장할 가능성은 없어 보였지만, 예수님의 가르침과 제자들의 노력을 통해 예루살렘의 작은 공동체에서 시작된 신앙은 소아시아와 로마를 거쳐 전 세계로 확장되었다. 이 역사적 변화는 마치 작은 겨자씨가 자라 큰 나무가 되는 것과 같은 기적적인 일이며, 놀라운 역사적인 사건이다.

Ω 일상의 적은 노력과 하느님 나라

겨자씨 비유는 작은 시작이 큰 변화를 만들어낼 수 있음을 보여준다. 이는 우리의 신앙과 삶에도 적용된다. 매일의 작은 선택과 노력이 쌓여 큰 변화를 이룰 수 있듯, 신앙도 미약한 시작에서 출발해 지속적인 기도와 말씀 묵상을 통해 성장한다. 이러한 변화는 단번에 이루어지지 않지만, 시간이 흐르면서 하느님 나라가 우리 삶 속에서 성장하고 있음을 발견한다.

겨자는 쓴맛이 있어서 근성이 강하고 자라기 쉬운 식물이기도 하다. 이것이 의미하는 바는 이를 통해 어려움과 역경을 극복하고 성장할 수 있는 믿음의 강인함을 상징할 수 있다. 믿음의 여정은 한 번의 선택이 아니라 끊임없는 성장과 성찰의 과정이며 적은 노력이 모여 큰 변화로 이어집니다.

하느님 나라는 이미 이 세상에서부터 성장하고 있다. 우리들이 일하는 직장과 가정, 교회, 동네 등 모든 일상 영역에서 아주 작은 곳에서도 목격된다. 조금씩 성장하기에 잘 느끼지 못할 뿐이다. 예수님이 왜 하느님 나라 비유를 여기저기서 자주 반복하시는가 하면 많은 사람들이 잘 느끼지 못하기 때문이다. 당시 사람들은 예수님의 명쾌한 말씀과 놀라운 기적들과 행동을 자주 보았지만, 처음에는 하느님 나라가 무엇인지 제대로 파악하지 못했다. 제자들도 잘 모르고 있다는 점을 파악하셨으니, 그의 말씀을 듣는 수많은 사람들도 잘 이해를 못하고 있다고 판단하셨을 것이다. 그래서 다양한 비유를 제시하였던 것으로 보인다.

♎ 현대의 겨자씨 : 프란치스코 교황님의 실천

현대의 그리스도인도 하느님 나라에 대하여 잘못 느끼긴 마찬가지이다. 평생 주일마다 성당을 다녀도 하느님 나라가 무엇인지 제대로 알고 있는 그리스도인은 매우 적다. 복음을 통해 예수님 이야기를 자주 거론하지만, 하느님 나라에 대해서는 거의 언급하지 않았다.

그리스도교 역사는 하느님 나라를 망각한 역사라고까지 신랄하게 비판한 독일의 성서학자 마틴 켈러가 한탄한 바 있다. 그가 안타깝게 생각한 것은 그리스도교 역사가 가난한 사람들을 망각한 역사로 장식되어서는 안 된다는 점이다.

이런 부분을 타파하려고 노력하신 프란치스코 교황님의 행동이나 말씀을 잘 살펴보면 하늘나라를 위해 우리가 무엇을 해야 하는 지를 알려주고 계신다.

　　프란치스코 교황님은 가난한 자와 노숙자에 대한 깊은 관심과 사랑을 베풀어 주시며 여러 행동을 통해 그들의 삶이 좀 더 개선되도록 노력해 오셨다. 성 베드로 광장에 기거하는 많은 노숙자를 위해 흔쾌히 자신의 공간을 할애하여 샤워 시설을 설치해 주고 바티칸 내로 초대하여 함께 식사를 나누셨다. 우리가 모두 다 똑같은 인간으로서 존엄성을 지니며, 우리 사회의 구성원으로서 소속감을 느끼게 해 주셨다.

　　또한, 교황님은 더위 속에 지친 노숙자들에게 3,000여 개의 아이스크림을 선물로 나누어 주셨다. 또, 전쟁 때문에 이주한 난민들의 손을 잡으며 그들의 친구가 되겠다고 선언까지 하셨다.

　　교황님은 사회적으로 불평등하게 살아온 것과 경제적으로 불공정한 대우를 받았다고 느낀 사람들에게 희망을 주며, 모든 사람이 존중되어야 함을 강조하셨다.

　　이것이 바로 예수님이 우리에게 보여주고 싶었던 하

느님 나라의 모습이다. 교황님의 조그만 실천은 전 세계인의 마음을 움직였으며, 아주 작은 겨자씨 하나가 커다란 나무로 커가고 열매를 맺어가는 변화를 보여준 것이 아닌가 싶다.

결론적으로 겨자씨 비유는 단순히 작은 씨앗의 성장 과정을 말하는 것이 아니다. 이는 하느님 나라의 놀라운 변화를 상징하며, 우리에게 희망과 책임을 동시에 상기시킨다. 우리의 작은 실천이 모여 하느님 나라의 큰 나무를 이루어가는 그날까지, 우리 각자는 믿음과 노력으로 이 여정에 동참해야 하겠다.

❈ 아주 작은 겨자씨

 ## 잎만 무성하고 열매가 없던 무화과

> 마침 잎이 무성한 무화과나무를 멀리서 보시고, 혹시 그 나무에 무엇이 달렸을까 하여 가까이 가 보셨지만, 잎사귀밖에는 아무것도 보이지 않았다. 무화과 철이 아니었기 때문이다. 예수님께서는 그 나무를 향하여 이르셨다. "이제부터 영원히 어느 누구도 너에게서 열매를 따 먹는 일이 없을 것이다." 제자들도 이 말씀을 들었다.
> (마르 11, 13-14)

성경에서 무화과는 중요한 상징적 의미를 지닌다. 특히 마태오 복음 21장과 마르코 복음 11장에서 예수님께서 잎만 무성하고 열매가 없는 무화과나무를 저주하신 이야기는 깊은 신앙적 메시지를 전달하고 있다. 당시 무화과는 이스라엘에서 풍요와 축복, 그리고 하느님의 백성으로서의 성숙한 삶을 상징하는 나무였다. 그러나 예수님께서 저주하신 무화과나무는 잎이 무성했음에도 열매가 없었고, 이는 신앙적 열매를 맺지 못한 외형적 신앙의 허위를 드러내는 강렬한 비유로 해석된다.

무화과나무는 봄철에 잎이 나기 전에 먼저 열매가 맺히는 특성이 있다. 따라서 잎이 무성하다면 열매도 이미 있어야 하는 것이 자연스러운 상태이다. 하지만 예수님이 보신 무화과나무는 잎만 무성할 뿐 열매는 없었고, 이는 겉으로는 신앙적 활동이 활발해 보이지만 내적으로는 열매를 맺지 못한 상태를 상징적으로 보여준다. 마치 빨간 수박이 잘 익어서 맛이 있을 줄 알았는데 하나도 맛이 없고 오이를 먹는 기분을 느끼는 것과 같다. 이러한 사건은 하느님께서 외형적 신앙이 아니라 내면의 진실한 열매를 원하신다는 교훈을 전달하고 있다. 이는 우리 삶에서 실질적인 신앙의 열매를 맺는 것이 얼마나 중요한지를 일깨워준다.

♎ 무화과의 식품과학적 가치

무화과는 신앙적 상징성을 넘어 식품과학적으로도 매우 가치 있는 열매이다. 무화과에는 식이섬유와 천연 당분이 풍부하여 소화기 건강을 돕고 에너지를 공급하는 데 효과적이다. 특히 무화과는 변비를 예방하고 장 건강을 개선하는데 탁월한 효능이 있는 것으로 알려져 있다. 또한, 무화과에는 항산화 성분인 폴리페놀과 플라보노이드가 풍부하여 세포 손상을 방지하고 노화를 늦추는데 도움을 준다.

무화과는 칼슘과 칼륨 함량이 높아 뼈 건강과 혈압 조절에도 유익하다. 무화과 열매에 함유된 단백질 가수분해 효소인 피신(ficin)은 단백질 소화를 촉진하며, 이는 위와 장 건강을 개선하고 소화를 돕는 역할을 한다. 이와 같은 영양적 가치는 창조주께서 우리에게 주신 자연의 선물로서, 신체적 건강과 삶의 질을 높이는데 이바지한다.

♀ 무화과나무의 비유와 우리의 신앙

무화과가 풍성한 잎을 가졌지만, 열매가 없었던 것처럼, 우리의 신앙이 외형적으로는 열정적이고 풍요로워 보일지라도 내면의 진실한 결실이 없다면 참된 신앙으로 간주할 수 없음을 경고하고 있다. 이는 우리의 삶이 교회 내에서 여러 단체에서 활동한다거나 봉사활동을 열심히 바쁘게 하면 된다는 것으로 평가되는 것이 아니라, 그 활동을 통해 맺어진 자신의 마음속에 하느님을 향한 열매로 판단된다는 중요한 교훈을 전하고 있다.

무화과 열매는 성경에서도 풍요와 축복의 상징으로 자주 등장한다. 미카서 4장 4절에서는 "사람마다 아무런 위협도 받지 않고 제 포도나무와 무화과나무 아래에 앉아 지내리라. 만군의 주님께서 친히 말씀하셨다." 라는 말씀이 있다. 이는 무화과 열매가 단순히 먹을거리뿐만 아니라 평화와 안식, 하느님의 축복을 상징하는 중요한 역할을 하고 있음을 보여준다.

무화과의 생리적 특성과 영양학적 가치는 우리의 영적 삶과도 유사점을 갖는다. 예를 들어, 무화과는 소화와 건강을 돕는 열매로, 우리의 영적 삶에서도 성숙함과 열매를 맺는 것은 영혼의 건강과 평화에 필수적이다. 우리는 무화과의 잎뿐 아니라 열매까지 맺는 성숙한 신앙인이 되어야 한다는 점을 항상 기억해야 할 것이다.

결국, 무화과는 우리의 삶과 신앙이 진정으로 열매를 맺어야 한다는 메시지를 전달하는 중요한 매개체이다. 예수님의 가르침 속에서 무화과나무는 열매를 맺지 못한 신앙의 허위를 경고하며, 우리의 신앙이 내면의 결실을 통해 진정한 의미가 있을 수 있음을 일깨워준다. 또한, 무화과의 식품과학적 효능은 창조주 하느님께서 우리에게 주신 선물이 얼마나 풍요로운지를 보여준다. 우리의 삶에서도 무화과처럼 영적 열매를 맺고, 그 결실로 하느님께 영광을 돌리는 신앙인이 되기를 기원해 본다.

좋은 누룩과 나쁜 누룩의 의미와 상징

성경에서 누룩(Leaven, Yeast)은 상반된 두 가지 의미로 사용된다. 하나는 하느님의 나라와 신앙의 성장을 상징하는 긍정적인 요소로, 한편으로는 죄와 부패, 위선의 확산을 나타내는 부정적인 요소로 등장한다. 이러한 개념은 단순한 비유적 표현이 아니라, 누룩의 식품과학적 특성과 밀접하게 연결되어 있다.

> 예수님께서 또 다른 비유를 그들에게 말씀하셨다. "하늘 나라는 누룩과 같다. 어떤 여자가 그것을 가져다가 밀가루 서 말 속에 집어 넣었더니, 마침내 온통 부풀어 올랐다." (마태 13, 33)

> "예수님께서 그들에게 "너희는 주의하여라. 바리사이들과 사두가이들의 누룩을 조심하여라." 하고 이르셨다. (마태 16, 6)

예수님께서 말씀하신 좋은 누룩과 나쁜 누룩은 단순히 빵을 부풀게 하는 미생물 작용을 넘어서, 신앙과 삶의 태도를 비유하는데 사용되었다. 하지만 누룩에 대한 배경 지식이 부족하면 일반 독자들에게 혼동을 줄 수 있다. 당시 사람들에게는 미생물에 대한 과학적 이해가 전무했기에 성경에서 누룩은 실생활 속 경험과 상징적 의미에 기반하여 받아들여졌다.

우리가 주변에서 접하는 누룩은 주로 효모 같은 미생물을 기반으로 한다. 이 효모는 발효를 통해 탄수화물을 분해하여 알코올과 탄산가스를 생성하며, 빵을 부풀게 하고 부드럽게 만들어준다. 빵이 부풀어 오르는 과정은 좋은 누룩의 작용으로 큰 변화를 일으키는 대표적인 사례이다.

누룩은 하느님의 나라가 작은 시작에서 시작하여 점점 확장되는 과정을 비유한다. 누룩은 보이지 않는 작은 미생물이 빵을 부풀게 하듯, 복음의 영향력도 조용히 그러나 강력하게 퍼져나간다.

예수님께서는 하느님 말씀과 성령의 역사가 누룩처럼 우리의 내면을 변화시키며, 그 영향이 다른 사람들에게까지 퍼져나간다고 가르치셨다. 작은 선행이나 올바른 신앙의 씨앗이 주변 사람들에게 선한 영향을 미치고, 이를 통해 하느님 나라가 확장된다는 메시지는 신앙의 본질을 잘 보여준다. 신앙이 한순간에 완성되는 것이 아니라, 시간이 지나면서 성숙하고 확장되는 과정을 의미하며 이처럼 좋은 누룩은 인간 내면의 변화와 성장, 그리고 공동체의 화합과 복음 전파를 상징한다.

식품과학적인 면에서 좋은 누룩의 발효 과정에서는 유산균, 젖산균 등 유익한 미생물이 증식하여 장 건강을 개선한다. 또 비타민 B군, 폴리페놀 등 항산화 물질이 증가하여 인체 건강에 유익한 영향을 준다. 발효로 인해 음식이 이미 소화되기 쉬운 형태로 바꾸어 먹기가 참 편해진다.

반면, 누룩은 부패와 오염의 상징으로도 사용되었다. 예수님께서는 바리사이파 사람들의 위선과 헤로데의 세속적인 욕망을 "나쁜 누룩"에 비유하셨다. 그들의 왜곡된 율법주의와 세속적 욕망이 공동체에 나쁜 영향을 미치고 하느님의 본래 의도를 흐리게 만든다는 점을 지적하신 것이다. 여기서 누룩은 부정적이고 파괴적인 영향을 상징한다.

나쁜 누룩은 부적절한 발효로 인해 음식이 부패하고 독소가 생성되는 과정과 비슷하다. 나쁜 발효는 부패균과 곰팡이가 증식하면서 음식을 상하게 만든다. 썩은 곡물이나 빵에서는 곰팡이 독소가 발생하여 건강을 해치기도 한다. 나아가 지방이 부패하면 건강에 해를 끼친다. 이는 신앙적으로 적용해 본다면 바리새인들의 위선과 잘못된 가르침이 공동체를 부패시키듯, 죄와 악한 영향력이 방치되어 영적으로도 타락을 초래할 수 있다.

식품과학적으로 발효와 부패는 매우 흥미로운 개념이다. 발효는 인간에게 유익한 물질로 변화시키는 과정이고, 부패는 해로운 물질을 생성하는 과정이다. 두 과정은 모두 미생물에 의해 발생할 수 있다. 예를 들어, 효모나 곰팡이는 적절한 조건에서 발효를 통해 빵, 술, 된장 등의 유익한 식품을 만든다. 반면, 적절치 못한 환경에서는 부패를 일으키고 유독한 물질을 생성하여 인간에게 해를 끼친다.

이처럼 누룩은 사용하는 목적과 조건에 따라 좋은 역할도 하고, 나쁜 기능을 보여주기도 한다. 엄밀히 말하면 서로 다른 미생물이기는 하지만 성경에서는 이 차이를 구분하지 않고 상징적으로 사용하였다.

2,000여 년 전, 미생물에 대한 과학적 지식이 전혀 없었기 때문에, 예수님께서는 당대 사람들이 일상생활에서 경험할 수 있는 방식으로 신앙의 본질을 이해시켰다. 누룩이라는 단어 하나만으로도 사람들이 경험 속에서 발효와 부패의 개념을 직관적으로 연관 지어 이해했을 것이다. 발효와 부패의 차이는 과학적 용어로 설명되지 않았지만, 경험적으로 좋은 누룩과 나쁜 누룩의 차이를 알고 있었다.

성경에서는 누룩을 통해 율법에 대한 본질적인 메시지를 전달하고 있다. 바리사이파 사람들은 율법을 문자 그대로 지키는데 집착하며, 본래의 의도를 잃어버렸다. 그들은 외적으로는 신앙심이 깊어 보였지만, 내적으로는 위선과 교만으로 가득 차 있었다. 이러한 태도는 누룩의 부정적인 측면, 즉 부패와 오염에 비유될 수 있다. 율법의 목적은 인간을 하느님께로 인도하고, 올바른 삶을 살아가게 하는데 있다. 그러나 율법을 지나치게 형식적으로 받아들일 경우, 이는 오히려 하느님의 참된 뜻을 왜곡하게 만든다.

　누룩 없는 무교병의 상징도 이러한 문맥에서 이해할 수 있다. 이스라엘 백성이 이집트에서 탈출할 때, 하느님은 누룩 없는 빵을 먹으라고 명령하였다. 이는 부패와 오염, 죄악을 제거하고 깨끗하고 순결한 상태에서 새로운 출발을 하라는 하느님의 명령이었다. 무교병은 죄를 버리고, 순결한 삶을 살며, 하느님의 인도에 따라 살아가라는 메시지를 담고 있다. 누룩 없는 빵은 순수하고 변질되지 않은 상태를 의미하며, 이는 신앙인들이 추구해야 할 삶의 본질을 상징한다.

　정리해 보면, 누룩은 성경에서 긍정과 부정, 두 가지 상반된 상징으로 사용되었다. 좋은 누룩은 신앙의 성장,

내면의 변화, 하느님 나라의 확장을 의미하며, 나쁜 누룩은 죄악, 위선, 부패를 상징한다. 발효와 부패의 차이를 이해하면, 누룩이 가진 상징성을 보다 명확히 이해할 수 있다. 인간의 삶과 신앙도 그 태도와 선택에 따라 좋은 누룩이 될 수도, 나쁜 누룩이 될 수도 있다. 오늘날 우리는 미생물과 발효 과정에 대한 과학적 이해를 통해 성경의 메시지를 보다 명확히 해석할 수 있다. 좋은 누룩처럼 신앙과 삶을 변화시키는 힘을 발휘하며, 주변에 선한 영향을 미치는 참다운 신앙인의 삶을 살아가는 것이 중요하다.

 # 빵의 상징성과 식품과학적 의미

　빵은 인류 역사에서 가장 오래된 식품 중 하나로, 단순한 일상 음식 이상의 의미를 지닌다. 성경에서 빵은 예수 그리스도의 사역과 가르침 속에서 특별한 상징으로 등장한다. 예수님은 자신을 "생명의 빵"이라 칭하시며, 빵을 통해 제자들과 교감하고, 수많은 사람들을 먹이신 기적, 그리고 최후의 만찬에서 빵을 나누시는 장면을 통해 하느님의 은혜와 구원의 메시지를 전달하는 상징적인 도구로 사용되었다. 빵의 과학적 흥미로움과 함께 예수님과의 관련 속에서 드러나는 영적, 공동체적 구원의 상징성을 살펴보고자 한다.

Ω 빵의 일상성과 영적인 깊이

　빵의 발효 과정도 과학적으로 흥미로운 부분이다. 빵을 만들 때 사용되는 누룩(효모)은 발효 과정에서 이산화탄소 가스를 생성하여 빵이 부풀어 오르게 한다. 이 과정에서 글루텐 단백질과 버터나 쇼트닝 지방은 이산화탄소가 반죽 밖으로 못 나가게 감싸 줌으로써 빵의 질감과 맛을 결정하는데 중요한 역할을 한다. 발효가 진행되는 동안, 효모는 밀가루의 전분을 분해하여 당분을 생성하고, 이는 다시 효모에 의해 이용되어 이산화탄소와 알코올로 변환된다. 이 때문에 빵은 독특한 향과 부풀어짐으로 인하여 맛있는 질감을 갖게 되며, 이는 빵 품질의 다양성을 더욱 풍부하게 만든다.

빵은 성경에서 매우 일상적인 음식으로 등장하지만, 예수님은 이를 통해 깊은 영적인 메시지를 전달하신다. 빵은 고대 근동 지역에서 기본적인 주식으로, 생명을 유지하는 필수적인 음식이었다. 그러나 예수님께서는 이 일상적인 빵을 하느님의 은혜와 영원한 생명을 상징하는 매개체로 사용하셨다.

예수님은 제자들에게 매일의 양식을 구하라는 기도를 가르치셨다. (마태 6, 11) 이는 빵이 단순히 육체적 생명을 유지하는 것을 넘어, 하느님께서 일용할 양식을 공급하신다는 신뢰를 나타낸다. 매일 먹는 빵은 하느님의 공급과 은혜를 상징하며, 영적인 삶에서 하느님을 의지하는 자세를 배우게 한다.

Ω 신앙의 상징으로서의 빵

성경에서 빵은 여러 차례 언급되며, 그 의미는 깊고 다양하다. 예수님은 요한 복음 6장 35절에서 **"나는 생명의 빵"** 이라고 말씀하셨다. 이 구절은 단순히 육체적 배고픔을 위한 음식을 제공하는 분이 아니라, 영적인 양식을 제공하겠다는 예수님의 선언이다.

예수님은 인류에게 영적 양식을 제공하는 존재임을 나타내며, 사람들은 그를 통해 영원한 생명을 얻을 수 있다고 믿는다. 이는 가톨릭 신자들에게 성체성사의 본질을 의미한다. 성체성사에서 빵은 그리스도의 몸으로 변화되며, 이는 신자들이 그리스도의 생명력을 받아들이고, 그와의 일치를 경험하는 중요한 의식이다.

구약에서는 이스라엘 백성이 광야에서 하느님이 내려주신 만나를 먹고 생존했던 사건(탈출기 16장)이 나온다. 만나가 이스라엘 백성에게 육체적 생명을 유지하는 데 필요한 양식을 제공했다면, 예수님께서는 **"생명의 빵"** 으로서 영원한 생명을 주는 양식임을 스스로 밝히셨다. 이는 인간이 단순히 물질적 필요를 충족하는 것만으로는 완전하지 않으며, 영혼의 구원과 영적인 양식이 필요하다는 메시지로 해석된다.

예수님은 이 말씀에서 "나를 믿는 자는 결코 배고프지 않을 것이며, 목마르지 않을 것"이라고 하셨다. 이는 예수님 자신이 하느님의 은혜와 구원의 본질을 상징하며, 그분을 믿고 따르는 자들이 영원히 충만함을 얻을 것이라는 약속을 의미한다. 빵이라는 일상적인 음식을 통해, 예수님은 영적인 삶과 영원한 구원의 본질을 비유로 설명하셨다.

Ω 오병이어의 기적과 공동체적 상징성

오병이어의 기적(마태 14, 13-21; 마르 6, 30-44; 루카 9, 10-17; 요한 6, 1-14)은 성경에서 가장 널리 알려진 기적 중 하나이다. 이 사건은 예수님의 능력과 자비를 보여주는 동시에, 공동체의 의미를 강조하는 상징적 장면이다.

이 기적은 하느님의 풍성한 공급과 자비를 상징한다. 사람들은 배고픔에 처해 있었고, 예수님께서는 그들의 육체적인 필요성을 채우셨다. 이는 하느님께서 이스라엘 백성을 광야에서 만나와 메추라기로 먹이셨던 사건과도 마찬가지로, 예수님이 하느님의 은혜를 계승하고 실현하신 분임을 보여준다.

또한, 이 기적은 공동체적 결속의 상징으로 볼 수 있다. 빵을 나누는 행위는 단순히 물질적 분배를 넘어 이웃 간의 사랑을 바탕으로 서로의 필요를 채워주는 공동체의 연대를 상징한다. 예수님은 빵을 나누기 전에 하늘을 바라보며 감사의 기도를 드렸다. 이는 모든 축복이 하느님에게서 온다는 감사의 마음을 공동체에 심어주는 행동이었다. 이처럼 빵을 나누는 행위는 공동체 내의 나눔과 연대, 그리고 하느님의 은혜에 대한 감사의 상징으로 이해된다.

♌ 최후의 만찬에서 빵의 상징성

최후의 만찬(마태 26, 26-29; 마르 14, 22-25; 루카 22, 14-20; 1코린 11, 23-25)은 예수님의 사역에서 중요한 전환점으로, 빵과 포도주가 구원의 상징으로 등장하는 사건이다. 예수님은 빵을 떼어 제자들에게 나누어주시며 "이것은 너희를 위하여 내어주는 내 몸이다"라고 말씀하셨다.

빵은 여기서 예수님의 희생을 상징한다. 자기 몸을 제물로 내어주는 행위는 인류의 죄를 대신 짊어지고 구원을 이루시겠다는 예수님의 의지를 나타낸다. 빵을 떼어 나누는 행위는 공동체적 화합과 헌신을 의미하며, 이는 예수님과 제자들뿐만 아니라 모든 믿는 이들에게 하느님의 구원 계획에 동참할 것을 요청하는 상징적 행위이다.

최후의 만찬에서 빵과 포도주는 예수님의 몸과 피를 상징하며, 오늘날 성체성사(성찬례)의 기원이 되었다. 성체성사에서 빵은 예수님의 몸으로 받아들여지며, 믿는 이들과의 영적인 연합을 상징한다. 이는 단순한 의식이 아니라, 하느님의 은혜에 참여하고 공동체의 일원으로서의 정체성을 확인하는 중요한 행위이다.

♎ 빵과 신앙 공동체의 형성

빵을 나누는 행위는 신앙 공동체를 형성하고 결속시키는 중요한 요소로 작용한다. 예수님은 마지막 만찬에서 제자들과 빵을 나누셨고, 이는 이후 교회 공동체에서 지속적으로 행해지는 성체성사의 토대가 되었다. 공동체가 함께 빵을 나누는 것은 단순한 식사를 넘어, 하느님의 은혜를 기념하고 그분과의 언약을 새롭게 하는 의식이다.

또한, 예수님은 부활 후 엠마오로 가는 두 제자와 동행하시며 빵을 떼어주셨을 때 비로소 그들이 예수님을 알아보았다는 사건(루카 24, 30-31)은 빵이 단순한 음식이 아니라, 부활하신 예수님을 알아보게 하는 영적 깨달음의 상징임을 보여준다.

공동체가 함께 빵을 나누는 것은 화해와 연대를 상징하며, 서로의 필요한 부분을 채워주고 하느님의 사랑을 나누는 행위로 볼 수 있다. 이는 신앙 공동체가 단순히 물리적인 모임이 아니라, 하느님의 구원 계획에 참여하는 영적 공동체임을 상징적으로 드러낸다.

정리해 보면, 성경에서 빵은 일상의 음식이자 영적인 상징으로서 중요한 역할을 한다. 예수님은 자신을 **"생명의 빵"**으로 선언하시며, 빵을 통해 하느님의 구원과 은혜를 나타내셨다. 오병이어의 기적, 최후의 만찬, 부활 후의 사건에서 빵은 하느님의 공급과 구원의 메시지를 전달하는 도구로 사용되었다.

이는 공동체의 결속과 신앙의 핵심을 이루는 상징으로 자리 잡았다. 빵을 통해 예수님은 하느님과 사람, 그리고 사람들 간의 화합과 구원을 이루고자 하신 깊은 뜻을 드러내셨다.

오늘날 성체성사에서 빵이 지니는 의미는 여전히 생명과 구원의 상징으로 남아 있으며, 이를 통해 신앙 공동체는 하느님의 은혜를 기억하고 새로운 삶으로 나아가게 된다. 빵은 단순한 음식이 아닌, 문화와 신앙이 얽힌 복합적인 존재임을 보여준다. 빵은 인류의 삶에서 떼려야 뗄 수 없는 요소로, 신앙과 과학이 만나는 지점에서 그 의미를 더욱 깊이 있게 탐구할 기회를 제공한다.

고기는 어떤 의미를?

성경에서 고기는 단순한 음식 이상의 상징적이고 영적인 의미를 지니며, 식품과학적 관점에서도 중요한 논의 주제이다. 고기는 창조와 죄와 용서라는 영적인 양식 등 다양한 관점에서 독특한 역할을 담당한다. 이를 통해 고기가 성경에서 지니는 의미와 현대적 관점에서 시사점을 살펴볼 수 있다.

> 하느님께서 말씀하시기를 "이제 내가 온 땅 위에서 씨를 맺는 모든 풀과 씨 있는 모든 과일나무를 너희에게 준다. 이것이 너희의 양식이 될 것이다. (창세 1, 29)

> 살아 움직이는 모든 것이 너희의 양식이 될 것이다. 내가 전에 푸른 풀을 주었듯이, 이제 이 모든 것을 너희에게 준다. 다만 생명 곧 피가 들어 있는 살코기를 먹어서는 안 된다. 나는 너희 각자의 피에 대한 책임을 물을 것이다. 나는 어떤 짐승에게나 그 책임을 물을 것이다. 남의 피를 흘린 사람에게 나는 사람의 생명에 대한 책임을 물을 것이다. (창세 9, 3-5; 레위 17, 10-16; 신명 12, 23)

♌ 고기의 섭취 허용과 창조 섭리

창세기에서 하느님께서 인간에게 처음 허락하신 먹을거리는 풀과 과일이었다. 하지만 하느님의 창조 사업을 어지럽히고 인간의 타락 이후 대홍수가 발생했고, 노아가 하느님께 정결한 번제를 드린 후부터 살아 있는 동물을 먹을 수 있도록 허락하셨다. 그러나 동물의 피에는 생명이 있으므로, 피를 먹거나 피가 섞여 있는 채로 고기를 먹어서는 안 된다는 조건이 붙었다. 이는 생명을 창조하신 하느님의 섭리를 존중하라는 상징적 의미로 해석할 수 있다.

식품과학적인 측면에서 볼 때 피를 제거한 고기 섭취는 위생과 안전 측면에서 중요하다. 피에는 병원체가 포함될 가능성이 높고 변질되기 쉬운 성분들이어서 이를 제거하는 것은 식품 안전과도 연관이 있다.

♌ 경제적·문화적 관점에서의 고기 섭취

고기가 고대 사회에서 일반적인 식재료가 아니었던 이유는 종교적 규제뿐만 아니라 경제적 이유와도 깊은 관련이 있다. 자연에서 사냥하던 시대와 달리 집에서 기르는 가축을 잡아서 먹으면 가축 수가 감소하고 또, 중요한 음식인 우유나 치즈 같은 식품 자원을 제공하는 유목민(농가)의 자산이므로 고기를 섭취하는 것은 특별한 경우로 제한되었다.

현대에도 고기 생산을 위해 넓은 초원과 이들이 배설하는 분뇨와 배출 가스가 높은 환경 비용과 자원을 요구한다는 점에서 지속 가능한 식품 생산과 연결될 수 있다. 이런 연유로 최근 식물성 재료를 이용한 대체육에 관해 관심이 커지고 있다. 제칠안식일교와 같은 일부 종교 단체에서 고기 섭취를 지양하고 식물성 대체육을 선호하는 것도 이러한 환경적, 윤리적 이유와 관련이 있다.

♎ 고기의 상징성과 인간 심리

고기는 성경에서 생명과 영양의 상징이자 공동체 결속과 사회적 화목의 매개체로 나타난다. 하느님께서 이스라엘 백성들에게 만나와 메추라기를 주신 사건은 고기가 생존을 위한 하느님의 은혜와 공급을 상징한다. 이는 현대 영양학에서도 고기의 단백질이 인간의 생존과 건강 유지에 중요한 요소임을 보여준다.

돌아온 탕자를 위해 살찐 송아지를 잡은 이야기(루카

15장)는 고기가 특별한 축제나 가족과 일꾼 공동체 화목의 상징으로 사용되었음을 보여준 예이다. 예수님이 제자들과 최후의 만찬에서도 빵이 대신하지만, 함께 식사하면서 그리스도의 몸을 통해 공동체 결속의 중요성을 상징적으로 드러내셨다.

식품 심리학에서는 고기 중심의 식사는 성격상 외향적이고, 전통적인 가치관을 중시하는 경향이 있으며, 사회적 상호작용을 중시하여 가족이나 친구와의 관계에서 중요한 역할을 할 수 있다고 한다. 또한, 생리학적으로 공격성을 자극할 수 있는 테스토스테론 호르몬의 수치를 높이는 것과 관련이 있어 공격적인 행동이나 폭력성을 유발할 수 있다고 한다.

이에 반하여 식물성 식단을 선호하는 사람들은 더 개방적이고, 공감 능력이 높고, 평화로운 해결책을 선호하는 경향이 있고, 비폭력적인 가치관을 중시하는 경향이 있으며, 일반적으로 더 평화롭고, 협력적인 성향을 보이는 경우가 많다. 이는 음식의 선택이 단순히 영양적 필요를 넘어 개인의 성격과 가치관을 반영한다는 점에서 흥미로운 부분이기도 하다. 이런 부분까지도 하느님께서 고려하신 것인지는 잘 모르겠지만 사람들이 평화롭게 살기를 원하였을 것으로 여겨진다.

♌ 죄와 용서의 상징으로서의 고기

구약에서 동물의 제물은 죄의 대가를 치르고, 하느님의 용서를 구하는 상징으로 사용되었다. 특히 레위기의 제사 제도는 고기를 제물로 삼아 속죄를 이루는 규례를 포함한다. 이는 고기가 죄의 용서와 회복의 수단으로 작용함을 보여주었다.

신약에서는 예수님이 십자가 위에서 자기 몸을 희생제물로 드림으로써 고기는 단순한 육체적 음식이 아닌 인류를 위한 영적 구원의 상징으로 변화한다. "이는 너희를 위하여 내어 주는 내 몸이다." (루카 22, 19)라는 말씀은 이를 잘 보여준다.

♌ 정결함과 신앙적 의미

구약에서는 특정 동물을 부정한 것으로 규정하며, 이를 섭취하지 않도록 했다. 이는 무엇보다도 신앙 공동체의 정결함을 유지하는데 중요한 역할을 한다. 육체적으로나 영적으로나 부정해서는 안 됨을 가르쳐 주며 하느님과의 관계를 상징적으로 표현하는 의미를 담고 있다.

오늘날 식품과학에서도 음식의 안전성과 위생은 건강을 유지하는 필수적인 요소로 강조되고 있다. 미생물의 오염 가능성에 대하여 충분히 알고 있지는 못하였던 당대 사람들에게는 성경의 정결 규정이 현대의 식품 안전을 위한 규제와 유사한 측면이 있음을 보여준다.

♎ 영적 의미와 공동체의 상징

신약에서 예수님은 자신의 몸을 "생명의 빵"으로 비유하며 믿는 자들에게 영원한 생명을 주시는 분으로 묘사하셨다. 이는 음식을 통한 영적 의미를 강조하며, 단순한 영양 공급을 넘어 영적인 양식을 제공하는 것을 의미한다. 이와 같이 성경에서 식품과 고기는 다양한 상징성과 의미를 지니며, 신앙생활과 깊은 연관성을 가지고 있다. 또한, 식사를 함께 나누는 행위는 신앙 공동체의 결속과 화목을 강화하는 중요한 역할을 하는데, 이는 현대의 식문화에서도 가족과 친구 관계를 강화하는 주요 요소로 이어진다.

결론적으로, 성경에서 고기는 하느님의 섭리, 생명 유지, 공동체 결속, 죄와 용서, 정결함, 영적 구원의 상징으로 나타난다. 식품과학적 관점에서도 고기는 중요한 영양 공급원이자 문화적 상징으로 작용한다. 그러나 고기 섭취와 관련된 영양적, 윤리적, 환경적 이슈를 함께 고려하며, 성경이 가르치는 화목과 정결의 메시지를 현대 식생활에 적용할 필요가 있다. 이는 단순히 먹는 행위를 넘어 하느님과의 관계와 신앙 공동체 내 화목을 이루는 길이 되도록 하여야 할 것이다.

 **피를 먹지 말라**

구약성경에서 **"피를 먹지 말라"**는 명령은 단순히 금지 규정을 넘어 피가 가진 상징성과 신학적 의미를 강조하는 중요한 교훈을 담고 있다. 이와 더불어 식품과학적 관점에서도 피를 섭취하는 행위가 가지는 위생적, 영양 측면을 살펴볼 수 있다. 여기서는 성경에서 피의 상징성과 식품으로서 피의 의미를 여러모로 조명하여 그 연관성을 이해하고자 한다.

피의 성경적 의미

구약에서 피는 생명을 상징하며, 하느님과의 언약과 속죄의 본질을 드러낸다. 레위기 17장 11절에서는 **"생물의 생명이 그 피에 있기 때문이다"**라고 명시하며, 피가 생명 그 자체를 의미한다고 가르친다. 이는 피가 단순한 신체적 구성요소를 넘어, 생명을 유지하고 하느님과 인간 사이의 관계를 상징하는 중요한 매개체임을 보여준다.

피는 또한 속죄의 수단으로 사용되었다. 구약에서 동물의 피를 제단에 뿌리는 의식은 인간의 죄를 속죄하고 하느님께 용서를 구하는 방법으로 제정되었다. 이처럼 피를 사용한 제사는 인간의 죄가 동물의 희생을 통해 사해지고, 하느님과의 관계가 회복됨을 상징했다. 그러나 속죄를 위해 사용된 피는 더럽혀진 것으로 여겨졌기에, 이를 먹는 행위는 죄를 다시 자신 안으로 끌어들이는 것으로 간주하였다.

따라서 피를 먹지 말라는 금지 규정은 신앙적이고 상징적 이유를 바탕으로 하고 있다. 중요한 것은 하느님과의 관계를 올바르게 유지하는 것이며, 음식 자체가 신앙을 결정하지 않는다는 사실이다.

고대 근동에서는 피를 마시는 이교적인 의식이 흔했다. 일부 이방 민족들은 피를 마시며 신과 교류한다고 믿었다. 하느님은 이스라엘이 이교 문화와 구별된 거룩한 백성이 되도록 하기 위해 피를 먹는 것을 금하셨다.

이 규정은 나아가서 동물의 생명에 대한 존중과 하느님의 창조 질서에 대한 경외를 나타낸다. 피를 먹지 말라는 명령은 하느님께서 생명의 주인이심을 상기시키는 동시에, 인간이 생명을 다루는 데 있어 책임감을 가지라는 메시지를 담고 있다.

♎ 피를 먹는 것의 식품과학적 측면

피는 고대 인류에게 중요한 생존 자원이었으며, 영양적 가치가 높은 식품으로 여겨졌다. 피는 철분, 단백질, 비타민 B12와 같은 영양소를 포함하고 있지만, 동시에 위생적 문제와 질병의 위험을 동반할 수 있다. 피에는 대사 폐기물과 독소가 포함될 수 있으며, 부패하기 쉬운 성질을 가지고 있다. 또한 고대에는 적절한 보관과 조리가 어려웠으므로, 혈액을 섭취하는 것이 건강상 위험할 수 있었다.

피는 산화 과정에서 비린내를 유발하며, 세균이나 기생충의 번식 위험이 크다. 예를 들어, 바닷가에서 1m나 되는 민어를 잡자마자 바로 아가미 부분을 칼로 찔러서 피가 절절 흐르도록 처리한다. 이는 피가 생선 내에 남아 있는 상태로 썩기 시작하면 신선도를 떨어뜨리므로 선도 유지 차원에서 행하는 조치이다. 피에는 영양성분이 참으로 많아서 민어가 죽고 난 뒤에 사체 내에 아직 살아있는 효소들과 세균들이 이를 이용하여 부패가 일어나기 때문이다. 피를 뽑아주면 사체 내에서 피가 굳어져 버리거나 부패할 염려가 없다. 생선요리를 하면서 생선 속에 피가 남아 있으면 요리하면서 비린내를 느끼게 되어 맛에 큰 영향을 미치므로 솔을 이용하여 피를 싹싹 씻어낸 후 조리하면 맛이 있는 생선요리를 즐길 수 있다.

건강을 위한다고 노루나 사슴의 생피를 섭취하면 기생충 감염이나 세균성 식중독에 노출될 가능성이 크다. 따라서 현대 식품과학에서는 피를 섭취할 때 철저한 위생 관리와 열처리가 필수적임을 강조한다.

예를 들어, 우리나라에서 소의 피를 활용한 순대나 선지해장국, 서양에서는 피를 이용한 블러드 소시지 등은 모두 철저히 가열 처리되어 안전하게 소비된다. 그러나 생피를 섭취하는 것은 위생적인 문제로 인해 권장하지 않는다. 과거 과학적 지식이 부족했던 시대에는 이러한 위험성을 일일이 설명하기 어려웠기에, 피를 아예 섭취하지 않도록 금지하는 것이 더 실용적이었을 것이다.

Ω 신약에서 피의 새로운 의미

신약에서 피의 상징성은 예수 그리스도의 희생을 통해 새롭게 확장된다. 예수님께서는 십자가에서 자신의 피를 흘리시며, 인류의 죄를 위한 완전한 속죄를 이루셨다. 이는 구약의 제사 제도가 예수님의 십자가 위의 희생을 통해 완성되었음을 의미한다.

예수님은 최후의 만찬에서 포도주를 들고 "이 잔은 너희를 위하여 흘리는 내 피로 맺는 새 계약이다."(루카 22, 20) 라고 말씀하셨다. 포도주는 예수님의 피를 상징하며, 성찬례를 통해 신자들은 예수님의 희생을 기념하고, 그분과 하나 되는 영적 체험을 한다.

피를 먹지 말라는 구약의 명령과 달리, 신약에서는 포도주가 예수님의 피로 전환된 것을 마심으로써 하느님과의 언약이 새롭게 맺어짐을 기념한다. 이는 피의 상징성이 단순한 속죄를 넘어, 하느님과 깊은 관계 회복과 영원한 생명의 약속으로 확장된 것을 나타낸다.

♎ 성서적 명령과 식품과학적 접근

구약에서 피를 먹지 말라는 금지 규정은 영적인 상징성과 더불어 위생적 이유도 포함된 것으로 보인다. 피에 감염된 병원체와 기생충의 위험성을 과학적으로 일일이 설명할 수 없었지만, 하느님께서는 피를 섭취하지 않도록 명령함으로써 간접적으로 인간의 건강을 보호하셨다. 이는 하느님의 창조 질서와 인간 생명을 보호하려는 의도가 담긴 명령으로 볼 수 있다.

현대 식품과학에서는 이러한 위험성을 분석하고, 안전한 방법으로 피를 섭취하는 법을 제시한다. 그러나 여전히 생피의 섭취는 위생적 문제가 동반되며, 피를 아예 섭취하지 않도록 한 구약의 명령은 과학적이고 실용적 측면에서 나름 타당한 지혜로 이해될 수 있다.

종합해 보면, 구약성경에서 피를 먹지 말라는 명령은 단순히 식습관을 규제하는 것이 아니라 피가 가진 생명과 속죄의 상징성을 존중하고, 하느님과의 관계를 강조하는 깊은 신학적 의미를 담고 있다.

또한, 위생적 위험이 큰 피의 섭취를 금지함으로써 과학적 지식이 부족한 시대에 인간의 건강을 보호하려는 실질적 의도가 포함되어 있음을 알 수 있다.

신약에서 음식은 신앙의 본질이 아님을 강조하셨다. 또 예수님의 피로 전환된 포도주를 통해 제사의 제물로 하느님과의 새 언약이 이루어졌으며, 피는 단순한 속죄를 넘어 영원한 생명과 구원의 상징으로 확장되었다. 피는 성경에서 생명과 희생, 구원의 본질을 담은 강력한 상징으로, 오늘날에도 신앙과 과학의 관점에서 깊은 교훈을 제공한다.

돼지고기
(신앙적 접근과 과학적 시각의 조화)

성경에는 돼지고기에 대한 다양한 시각이 담겨 있다. 특히 구약성경은 돼지고기를 부정한 음식으로 규정하고 있다. 레위기 11장과 신명기 14장은 돼지가 되새김질하지 않으면서 굽이 갈라진 동물이라는 이유로, 돼지고기를 먹지 말라는 율법을 기록하고 있다. 이러한 음식 규제는 단순한 식생활 지침이 아니라 이스라엘 백성의 거룩함과 신앙적 정체성을 유지하기 위한 하느님의 명령이었다. 이와 같이 돼지고기에 대한 성경적 규정은 신앙적 순종과 공동체의 정체성을 위한 상징적 의미를 지녔다.

한편, 신약성경에서는 이러한 음식 규제가 변화하는 모습을 볼 수 있다. 예수님의 사역에서 돼지는 특별한 상징으로 등장하기도 한다. 마태오 8장, 마르코 복음 5장, 루카 복음 8장에 기록된 이야기에서 예수님은 마귀 들린 사람을 치유하시며 악령을 돼지 떼에 들어가게 하셨다. 이 돼지 떼가 절벽에서 떨어져 죽는 장면을 통해 단순히 돼지고기를 부정한 것으로 여기는 관점과는 다르다. 이보다는 예수님이 마귀를 굴복시키는 권능과 악령을 컨트롤할 수 '있음'으로 인해 악령에 대한 승리를 상징적으로 보여주는 사건이다. 이후 베드로의 환상(사도행전 10장)과 바오로의 가르침(로마서 14장)을 통해, 돼지고기 음식 자체가 신앙의 본질이 아니며, 모든 음식이 하느님께서 창조하신 선한 것으로 받아들여질 수 있음을 강조하게 된다.

이와 별개로, 현대의 식품과학은 돼지고기를 영양학적으로 매우 가치 있는 식품으로 평가한다. 돼지고기는 단백질, 비타민 B군(특히 B1), 철분, 아연 등 다양한 필수 영양소를 풍부하게 함유하고 있다. 특히 단백질 함량이 높아 근육 형성과 유지에 도움을 줄 수 있으며, 비타민 B1은 에너지 대사를 촉진하여 피로 해소에 이바지한다.

또한, 현대의 위생 및 가공 기술을 통해 돼지고기는 더욱 안전하고 품질 높은 식품으로 생산되고 있다. 다만, 과도한 섭취는 포화지방 섭취 증가와 관련된 건강 문제를 유발할 수 있으므로, 균형 잡힌 식단을 유지하는 것이 중요하다.

성서적 관점과 식품과학적 관점의 차이는 각기 다른 목적과 맥락을 반영하고 있다. 성경에서 돼지고기에 관한 규정은 신앙 공동체의 정체성을 강화하고 하느님께 순종하기 위한 영적이고 상징적인 목적이었다. 반면, 식품과학은 돼지고기를 인간의 건강과 생리적 필요라는 실용적인 측면에서 평가한다. 이러한 차이는 신앙인들에게 중요한 교훈을 제공한다. 신앙인은 성경의 가르침을 존중하면서도, 현대 과학이 제공하는 정보를 통해 균형 잡힌 시각을 가질 수 있다.

그렇다면 신앙인은 돼지고기에 어떻게 접근해야 할까요? 먼저, 성경의 맥락을 깊이 이해하는 것이 중요하다. 구약의 음식 규정은 특정 시대와 상황 속에서 주어진 것으로, 신약의 가르침에 의해 해소된 부분임을 인식해야 한다. 예수님과 사도들의 가르침은 음식 자체보다 믿음과 감사의 태도가 더 중요하다는 것을 강조한다. 따라서 돼지고기를 포함한 음식을 섭취할 때, 그것이 하느님의 창조와 은혜임을 기억하며 감사하는 마음으로 임하는 것이 바람직하다.

또한, 신앙인은 다른 문화와 종교적 신념을 가진 이웃의 가치관을 존중해야 한다. 돼지고기를 섭취하지 않는 사람들과 함께할 때, 바오로가 코린토전서 8장에서 말한 것처럼 우리의 자유가 다른 사람의 양심을 상하게 하지 않도록 배려하는 태도가 필요하다. 마지막으로, 신앙인은 자신의 몸이 하느님의 성전임을 기억하고, 건강을 유지하는 데도 힘써야 한다. 돼지고기를 포함한 식단에서 영양

균형을 고려하고, 과도한 섭취를 피하며 건강한 식생활을 유지하는 것이 중요하다.

결론적으로, 돼지고기에 대한 접근은 성경적 가치와 현대 과학적 지식을 조화롭게 통합하는데 있다. 신앙인은 음식 선택에서 하느님의 말씀을 중심으로 하되, 이를 현대적 관점에서 지혜롭게 적용할 수 있다. 돼지고기는 하느님의 창조물로서 영양학적으로 가치 있는 식품이며, 신앙인의 삶에서 감사와 배려를 통해 올바르게 받아들여질 수 있는 축복 중의 하나이다.

성경 속 식품위생 규례

"너희는 이스라엘 자손들에게 이렇게 일러라. '땅 위에 사는 모든 짐승 가운데 너희가 먹을 수 있는 동물은 이런 것들이다. 짐승 가운데 굽이 갈라지고 그 틈이 벌어져 있으며 새김질하는 것은 모두 너희가 먹을 수 있다. 그러나 새김질하거나 굽이 갈라졌더라도 이런 것들은 먹어서는 안 된다. 낙타는 새김질은 하지만 굽이 갈라지지 않았으므로 너희에게 부정한 것이다. (레위 11, 2-4)

"너희는 이런 짐승의 고기를 먹어서도 안 되고, 그 주검에 몸이 닿아서도 안 된다. 그것들은 너희에게 부정한 것이다." (레위 11, 8)

"새들 가운데 너희가 혐오스럽게 여길 것은 이런 것들이다. 그것들은 혐오스러운 것이니 먹어서는 안 된다. 곧 독수리와 참수리와 수염수리, 검은 솔개와 각종 솔개 등" (레위 11, 13-19)

레위기는 고대 이스라엘 백성들에게 주어진 식품위생 규례를 담고 있으며, 이는 오늘날 국가에서 관리하는 식품위생법과도 유사한 면모를 가지고 있다. 성경이 하느님의 말씀을 담은 신성한 책인데도 불구하고, 왜 이런 실질적이고 구체적인 행정규정 같은 것이 등장하는지 의문을 품지 않을 수 없다. 이는 단순히 종교적 목적만이 아니라, 당시 사람들이 생명과 건강을 지키기 위해 반드시 알아야 했던 생활 지침으로도 작용했기 때문이다. 과학적 지식이 부족했던 그 시대에 하느님께서는 이스라엘 백성들을 보호하고 거룩하게 살도록 돕기 위해 이러한 규례를 제정하셨던 것이다.

Ω 레위기 당시의 시대 상황

레위기 시절 계약의 하느님을 예배하는 제사에 참여하기 위해서 이스라엘 백성은 정결해야 하는 것이 첫 번째 의무였다. 음식뿐만 아니라 행실이나 질병이며 여러 사항에 대하여 부정하지 말아야 했다. 만일 부정한 상태에서 제사에 임하면 이는 거룩하신 하느님과의 단절을 의미했다. 여기서는 여러 가지 부정 사항 중 식품에 관한 요소만 취급할 것이다.

그리고 이스라엘 백성은 상대적으로 그들보다 문명이 뛰어난 주변 국가들과 싸워야 하였지만 부족함이 확연히 드러나는 상황이었다. 게다가 매력적인 우상숭배와 다신교의 유혹도 많아 끊임없이 굳건히 싸워야만 했다. 보고 만질 수 있는 상징적 우상을 믿는 무리에 대항하여 보이지도 않고 만날 수도 없으며, 어떤 형태로조차 만들 수 없는 유일한 절대자에 대한 신앙을 지켜나간다는 것은 결코 쉬운 일이 아닌 상황이었다. 이런 가운데 그들에게 식품의 안전을 확보해 주어야 하는 상황이었다.

♎ 성경에 기록된 식품위생 규정

레위기에는 부정한 음식과 거룩한 음식을 구분하며, 먹어도 되는 것과 먹어서는 안 되는 것을 명확히 나열하였다. 이를 통해 고대 이스라엘 백성들은 질병과 감염으로부터 보호받고, 건강을 유지할 수 있었다.

▲ 거룩한 음식 : 먹어도 되는 것

o 굽이 갈라져 있고 되새김질하는 동물(소, 양, 염소 등)
o 곡식을 먹는 새(닭, 오리, 거위 등)
o 뛰어다니는 곤충(메뚜기, 귀뚜라미 등)

▼ 부정한 음식: 먹어서는 안 되는 것

o 굽이 없거나 되새김질하지 않는 동물(돼지, 토끼, 낙타 등)
o 물고기 중 지느러미와 비늘이 없는 것(장어, 문어, 새우 등)

o 날개 달린 곤충 중 네발로 기어다니는 것(파리, 거미 등)
o 땅에 기어다니는 동물(뱀, 도마뱀, 쥐 등)
o 죽은 시체를 먹는 새(독수리, 까마귀, 올빼미, 박쥐 등)

　거룩한 음식으로 지정된 동물은 위생적으로 관리와 섭취가 쉬웠지만, 부정한 음식은 위생상의 위험이 크거나 감염 가능성이 높은 것들이었다. 예를 들어 돼지고기는 충분히 익히지 않으면 유구조충에 감염될 수 있으며, 문어와 같은 빨판을 가진 해산물은 빨판 세척이 까다로워 식중독의 원인이 될 수 있다. 또한, 독수리와 까마귀는 시체를 먹기 때문에 혹여 병원균을 옮길 가능성이 크다고 보며, 파리와 같은 곤충은 대변이나 쓰레기에서 병원균을 옮기기 쉽다. 이와 같은 규정은 당시 과학적 지식이 부족했던 이스라엘 백성들에게 매우 실질적이고 필요한 가르침이었고 간결, 명료하였다.

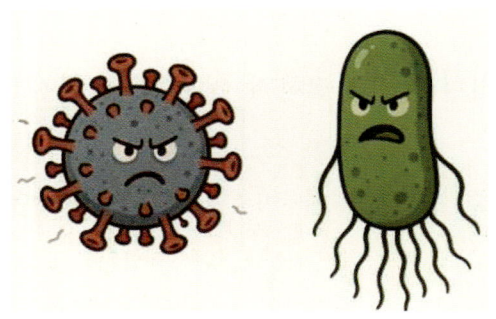

Ω 왜 성경에 이런 규정이 포함되었는가?

고대에는 미생물에 대한 개념이나 위생 지식이 없었기 때문에, 음식으로 인한 질병과 감염이 빈번했다. 이러한 위험을 방지하기 위해, 하느님께서는 과학적 위생 개념이 체계화되지 못한 시기에 이에 관한 지식이 없었던 이스라엘 백성들에게 간단하면서도 구체적인 식품위생 규정을 주셨다. 이는 단순한 생활 규칙이 아니라, 백성들을 질병과 생명의 위협으로부터 보호하려는 하느님의 배려였다.

예를 들어, 돼지고기는 고온 다습한 환경에서 부패가 쉽고, 충분히 익히지 않으면 기생충 감염의 위험이 있다. 바닷물 속 바이러스나 기생충에 오염되기 쉬운 해산물 역시 감염 위험이 컸고, 박쥐나 까마귀와 같은 동물은 전염병의 매개체가 될 가능성이 컸다. 전 세계가 혹독한 변을 치렀던 코로나-19 질병이 박쥐로부터 발병하였다는 소식은 모두가 알고 있는 사실이다. 이처럼 오늘날 과학적으로 그 위험성을 이해할 수 있지만, 당시 사람들은 이에 대한 설명을 듣게 된다고 하더라도 이해하기 어려웠을 것이다.

따라서 하느님께서는 "부정한 음식"으로 규정하여 아예 섭취를 금지함으로써 이와 관련된 여러 질병으로부터 백성들의 건강을 지키고자 하셨다.

♎ 식품위생 규정의 목적

레위기의 규정은 단순히 공중위생 차원에서 만들어진 것이 아니라, 다음과 같은 목적을 담고 있다.

o 건강과 생명 보호

세균에 의한 감염병의 위험을 알지 못했던 시대에, 식품을 통해 전염될 수 있는 질병으로부터 이스라엘 백성들을 보호하기 위한 실질적 지침이었다.

o 거룩함과 정결의 상징

음식을 통해 백성들이 육체적으로 건강을 유지할 뿐 아니라, 영적으로도 정결하고 거룩하게 살아가도록 가르치기 위함이었다. 먹는 음식조차도 하느님의 백성으로서 구별된 삶을 살도록 상징적 의미를 부여한 것이다.

o 하느님과의 언약 유지

부정한 음식을 먹지 않도록 명령함으로써, 백성들이 하느님과의 언약을 준수하며 신앙을 유지하도록 돕는 역할을 했다.

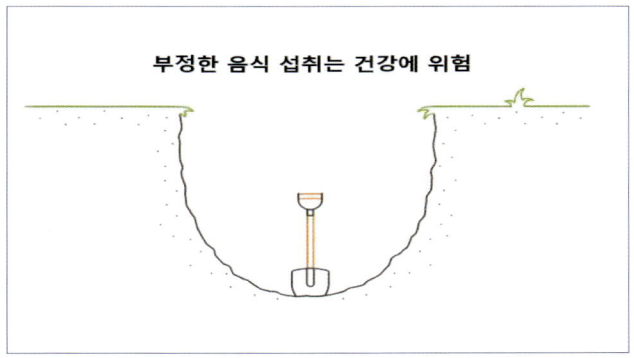

Ω 현대적 관점에서의 교훈

1900년대 초반 우리나라 평균 수명은 매우 낮았다. 당시 영아 사망률이 높고, 전쟁과 기근, 질병, 식민지 생활 등으로 인해 평균 수명이 남성 37세, 여성 39세 정도였다. 이것은 한국에서 통계가 잡힌 1936년 조선총독부의 최초 통계이다. 당시 전 세계적으로도 평균 수명이 30세에 불과하였다.

그러던 것이 1971년에는 남자 59세, 여자 66세로 몰라보게 늘어났는데 이렇게 갑자기 늘어난 이유는 공중보건 시설에 대한 관심도가 높아지고 전국에 상수도가 설치된 것이 가장 큰 이유였다. 이전까지만 해도 지하수 오염 문제를 심각하게 생각하지 못한 탓에 우물물이나 펌프 물을 먹어오면서 살아왔다. 현재 아프리카 사람들이 깨끗한 물을 먹지 못하여 많은 질병으로 고생하는 것을 보면 쉽게 알 수가 있다.

눈에 보이지도 않는 세균이나 바이러스에 오염된 식품과 물을 먹지 말아야 하는데 이런 과학 지식이 보급되지 않았던 레위기 당시 사람들은 아무것도 모르고 피해를 당할 수밖에 없었기에 이런 규정의 제시가 필요하였던 것으로 여겨진다. 레위기의 가르침은 공중위생이나 식품위생에 무지했던 당시로선 커다란 행운이었다.

최근 코로나가 남기고 간 교육 중에 하나로 외출하고 돌아오면 손을 깨끗이 씻는 버릇이 생겼다는 점이다. 손 씻기와 같은 기본적인 위생 습관이 얼마나 중요한지를 체감하게 되었다. 이는 레위기에서 제사 전에 손을 씻는 규정과도 연결될 수 있다. 당시의 손 씻기는 단순히 종교적 의식의 의미뿐만 아니라, 질병 예방을 위한 실질적인 가르침이었다.

과거 이스라엘 백성들이 거룩함을 유지하기 위해 음식을 통해 가르침을 받았던 것처럼, 오늘날 우리는 위생적인 식품 관리와 건강한 식습관을 통해 신체와 정신을 모두 건강하게 유지해야 한다. 현대의 과학은 음식이 인체에 미치는 영향을 명확히 밝히고 있지만, 과거 레위기의 규정은 위생 개념에 관한 지식이 부족하고 보관 기술이나 조리 환경이 열악했던 시대에 신앙과 건강을 동시에 지키기 위한 지혜로운 가르침이었다.

거룩한 삶과 위생의 조화

레위기에 기록된 식품위생 규정은 단순한 음식 규제의 차원을 넘어, 하느님의 백성으로서 거룩함을 유지하고 생명을 보호하기 위한 가르침이었다. 이러한 규정을 통해 이스라엘 백성들은 육체적으로 건강을 유지하며, 영적으로도 정결함을 유지하는 삶을 살 수 있었다.

오늘날 우리는 현대 과학과 위생 지식을 통해 건강을 유지할 수 있지만, 성경이 전하는 본질적인 메시지는 여전히 유효하다. 즉, 우리의 삶과 행동이 하느님의 말씀에 근거하며, 거룩함을 유지하는데 초점이 맞춰져야 한다는 점이다. 레위기의 가르침은 단순한 규제가 아니라, 신앙과 실생활이 조화를 이루는 삶을 살도록 우리를 이끄는 지침으로 볼 수 있다.

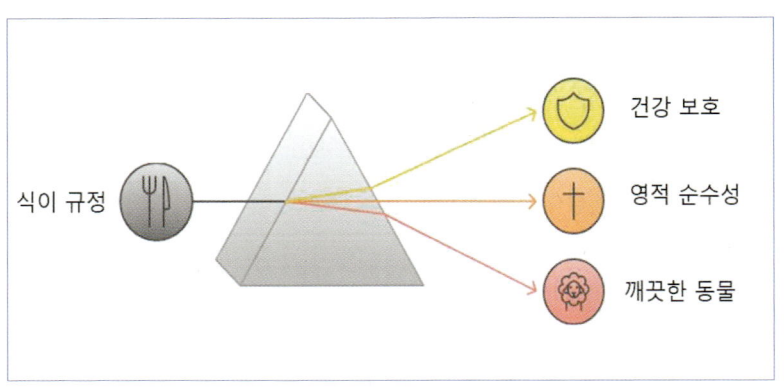

만나와 메추라기

> 그날 저녁에 메추라기 떼가 날아와 진영을 덮었다. 그리고 아침에는 진영 둘레에 이슬이 내렸다. 이슬이 걷힌 뒤에 보니, 잘기가 땅에 내린 서리처럼 잔 알갱이들이 광야 위에 깔려 있는 것이었다. 이것을 보고 이스라엘 자손들은 그것이 무엇인지 몰라, "이게 무엇이냐?" 하고 서로 물었다. 모세가 그들에게 말하였다. "이것은 주님께서 너희에게 먹으라고 주신 양식이다. 주님께서 내리신 분부는 이렇다. '너희는 저마다 먹을 만큼 거두어들여라. 너희 식구의 머리 수대로 한 오메르씩, 저마다 자기 천막에 사는 이들을 위하여 가져가거라.'" (탈출 16, 13-16)

이집트 땅에서 탈출한 이스라엘 백성들은 처음에는 가져온 것으로 먹을 것을 마련하였으나 오랫동안 아무것도 재배할 수 없는 사막에서 방황하면서 배고파 견딜 수 없었다. 광야는 늘 척박함과 고난의 상징으로 떠오른다. 끝없이 펼쳐진 메마른 땅과 뜨거운 태양 아래, 생명을 부양할 만한 자원이 거의 없는 곳이다. 이스라엘 백성들의 배고픔은 단순한 육체적 고통을 넘어 신뢰와 순종을 시험받는 시간이었을 것이다. 그리고 그들이 배고픔 속에서 체험한 하느님의 섭리는 오늘날 우리에게도 깊은 성찰의 메시지를 던져준다.

또다시 이집트 땅에서의 탈출을 원망할 즈음 하늘에서 내려온 만나를 먹고 살 수가 있었다. 만나는 이스라엘 백성이 광야에서 배고픔을 호소할 때 하느님께서 내려주신 양식이다. '만나'가 정확히 어떤 것을 의미하는지 아직도 여러 의견이 분분하다. 여러 가지 학설이 있는데 그중 하나를 토대로 살펴보면 하늘에서 내려온 것이 하얀 서리 형태 같은 것이었고, 그들은 이것이 무엇인지 몰랐다. "이것이 도대체 무엇이냐?"라고 물었고, 이 질문에서 '만나'라는 이름이 유래했다.

그것은 하얀 서리 형태의 것으로 고수 씨앗처럼 하얗고 맛은 벌꿀 과자처럼 달콤한 것으로 사막에서 자라는 관목 잎사귀에 연지벌레가 붙어서 분비해 내놓는 이슬 모양의 물질이었다. 달콤한 맛을 띄기에 배고픈 상태에서는 이것이라도 감사히 먹을 수밖에 별도리가 없었다.

연지벌레를 말려서 입술과 뺨에 바르는 연지라는 빨간색 화장품이 있다. 그것이 빨간색을 띠고 있어 햄, 게맛살, 딸기 맛 우유제품 등에 식품첨가물로 사용되고 있으며, 또는 빨간 립스틱에 들어가는 코치닐 추출 색소가 바로 연지벌레를 물이나 알코올로 추출하여 얻은 성분이다, 이 만나는 연지벌레의 침을 통해 나오는 분비물에서부터 생성되거나 만날 관목에서 나오는 수액 성분이다.

예컨대, 사막의 타마리스크 나무에 서식하는 연지벌레는 나뭇잎을 갉아 먹고 당분이 풍부한 분비물을 배출하는데, 이 물질이 밤의 차가운 기온에 굳어졌다가 아침 햇살에 녹는다는 점은 만나가 만날 관목의 수액과 유사한 점이 있지만, 성경에서 묘사된 특징을 고려할 때 동일한 것이라고 단정하기는 어렵다. 현대 유목민들 역시 사막에서 비슷한 물질을 달콤한 간식처럼 먹는다고 한다. 햇볕에 녹기 전에 걷어 드려서 굶주린 배를 채울 수 있었던 것으로 요기는 할 수 있을 정도인데 만약 하느님이 광야에서 자연적으로 발생하는 수액을 활용하여 이스라엘 백성에게 음식을 공급했다면, 이는 신의 섭리를 통한 기적적인 양식 제공이라고 볼 수 있다. 그러나 만나가 자연적인 수액과 완전히 동일한 것은 아니며, 기적적인 요소가 포함된 특별한 음식으로 이해하는 것이 성경적 설명과 더 부합한다.

만나가 만날 관목의 수액과 비슷한 자연 현상을 기반으로 했을 가능성이 있지만, 성경에서 묘사된 만나의 특징은 단순한 자연 현상만으로는 설명하기 어렵다. 특히 다음과 같은 점에서 차이가 있다. 만나가 40년 동안 지속적으로 공급되었으며, 광야에서 이동할 때도 계속 제공되었다는 점이다. 또 만나가 필요할 때마다 일정량이 주어졌으며, 지나치게 많이 모은 것은 남지 않고 상했으며,

안식일 전날에만 특별히 이틀 분량이 주어졌고, 안식일에는 만나가 내리지 않았다는 점이다. 만나가 성막 안에 보관되었고, 오랜 시간이 지나도 변하지 않았다(탈출 16, 32-34, 히브 9, 4)는 점들을 고려할 때, 만나가 단순한 자연적인 수액이 아니라 신적인 개입을 통해 제공된 특별한 양식임을 강조할 수 있다.

결국, 만나는 단순한 자연 현상이 아니라, 하느님이 이스라엘 백성을 돌보시기 위해 제공한 신비로운 음식이었다는 점에서 중요한 신학적 의미를 갖는다.

이스라엘 백성에게 만나는 단순한 생존의 음식 이상이었다. 만나의 독특한 공급 방식은 하느님의 섭리와 교훈을 담고 있다. 만나는 하루치 양만 수집할 수 있었고, 욕심을 부려 더 많이 가져가도 남는 것은 모두 썩어버렸다. 이는 하느님의 은혜를 신뢰하고, 그분이 매일 필요한 만큼의 양식을 공급하심을 믿으라는 메시지였다. 모세도 만나를 알고 있었기에 배고프다고 아우성치는 이스라엘 백성들에게 이 만나는 하느님께서 주신 양식이라고 백성들에게 이야기해 주고는 먹게 했을 것으로 보인다. 당의 종류 중 만노스와 그것의 당알코올인 만니톨은 바로 어원이 이 만나에서 나왔다고 알려있는데 약간의 단맛을 지니고 있다.

♌ 고기, 메추라기의 선물

　　만나로 배고픔을 달래던 백성들은 곧 "왜 만나만 먹어야 하느냐?" 라는 불만이 터져 나왔다. 이에 하느님께서는 메추라기를 보내주셨다. 메추라기는 봄과 가을, 유라시아 대륙과 아프리카를 오가는 철새로, 긴 비행을 마친 후 지쳐서 땅에 내려앉곤 한다. 당시 이스라엘 백성이 지나던 지역은 메추라기의 철새 이동 경로에 해당했으며, 지친 메추라기 떼가 광야에 내려앉는 것은 자연 현상으로도 설명할 수 있다.

　　우리나라에서는 메추리라고도 불리는데 한때 메추리의 알이 강장식품이라 하여 애용된 적이 있으며, 요즈음에는 모양이 작고 예뻐서 요리의 장식으로 많이 이용한다. 식품과학적 측면에서 보면 메추리알과 고기는 모두 식용 혹은 약용으로 이용되는데, 동물성 식품이면서도 알칼리성 식품이고, 비타민 A와 단백질이 풍부하고, 기름기가 적어 다른 동물성 식품에 비해 저칼로리 식품으로 특히 다이어트에 탁월하다. 메추리알은 계란보다 크기는 작지만 비타민 B1, B12가 훨씬 많이 들어있어 에너지 대사에 도움을 주며, 인과 철 등이 더욱 풍부하다. 단백질도 계란에 비해 많이 함유한 편이며, 아미노산 조성은 계란과 비슷하나 감칠맛이 나는 글루탐산이 메추리알에 더 많아 계란 보다 더 맛있게 느껴진다. 메추리알은 산 후에 먹으면 임산부의 회복이 빠르며, 허약체질 혹은 소모성 질환을 앓고 난 뒤에 보양으로도 좋은 음식이다.

만나를 주실 때 하루에 필요한 양만큼 제공되었던 것처럼 40년 동안 지속적으로 공급되었다는 점에서 메추라기도 이동 중 지쳐서 자연적으로 떨어진 것으로 생각하기보다는 필요한 양이 적절하게 제공되었던 것을 보면 자연적인 현상보다는 하느님의 섭리로 제공된 것임을 새삼 알 수 있다.

성경은 이것이 단순한 우연이 아닌 하느님의 섭리임을 강조한다. 하느님은 백성들에게 그들의 필요를 채워주는 동시에, 그들이 감사와 순종의 자세를 잃지 않도록 양식을 적절히 제공하셨다.

Ω 하느님의 섭리와 신뢰

만나와 메추라기의 이야기는 단순히 광야에서의 생존 기록이 아니고, 하느님의 섭리를 체험한 백성들이 어떻게 신뢰와 순종을 배워갔는지를 보여준다. 하느님은 하루하루의 필요를 채워주시면서도 백성들이 욕심에 흔들리거나 안식을 잊지 않도록 가르치셨다. 여섯째 날에는 안식일에 대비하여 두 배의 만나를 거두게 하신 것은 백성들에게 안식일의 중요성을 되새기게 하였다.

만나와 메추라기를 통해 하느님은 그분의 백성들에게 매일의 양식을 공급하시는 분임을 보여주셨다. 인간의 욕심은 때로 우리를 만족하지 못하게 만들지만, 하느님의 섭리는 항상 우리가 필요한 만큼 충분히 채워주신다. 이스라엘 백성의 광야 여정은 단순히 배고픔을 해결하는 과정이 아니라, 하느님과의 신뢰 관계를 배우는 시간이었다.

♎ 우리에게 주는 교훈

오늘날 우리의 삶에서도 만나와 메추라기의 이야기는 여전히 유효하다. 우리는 때로 필요한 것을 넘어서 더 많은 것을 원하고, 부족함을 걱정하며 불안해한다. 그러나 하느님께서는 우리가 필요한 모든 것을 적절한 때에 공급하시는 분이다.

만나와 메추라기는 감사의 중요성도 일깨워준다. 이

스라엘 백성이 하느님께 불평하기 시작했을 때조차 하느님은 은혜를 거두지 않으셨다. 그러나 그들의 불평은 하느님께 대한 신뢰의 부족을 드러냈다. 이 이야기는 우리가 감사의 태도를 잃지 않고, 하느님의 은혜를 신뢰해야 함을 가르쳐준다.

만나는 우리에게 **"하느님은 우리의 필요를 채우신다."** 라는 교훈을, 메추라기는 **"하느님께서 넘치는 은혜로 우리의 갈망을 채우신다."** 라는 메시지를 전한다. 광야의 이야기를 통해 우리는 우리의 삶 속에서도 하느님의 섭리를 발견하고, 그분의 은혜에 감사하며 살아갈 수 있을 것이다.

올리브나무, 축복과 회복의 상징

> 그러나 나는 하느님 집에 있는 푸른 올리브 나무 같아라. 영영세세 나는 하느님의 자애에 의지하네 (시편 52, 10)

성경 속 올리브나무 이야기는 단순한 식물에 관한 이야기가 아니다. 그것은 하느님의 축복과 평화, 그리고 인내의 상징으로 우리의 삶에 깊은 영적 통찰을 제공한다. 창세기 8장에서 노아의 방주 이야기에 등장한 비둘기가 물고 온 올리브 잎은 홍수 후 새로운 시작과 평화를 알리는 소중한 메시지를 담고 있었다. 이처럼 올리브나무는 풍요와 희망의 상징으로 성경 곳곳에 등장하며, 당시 사람들에게도 중요한 의미를 지녔다.

올리브나무는 척박한 환경에서도 깊게 뿌리를 내려 성장하는 강인한 생명력을 가지고 있다. 이는 믿음으로 어려움을 이겨내고 하느님의 뜻을 따르는 신앙인의 삶과 닮았다. 시편 52장 10절에서 다윗이 말한 부분에서 이런 맥락으로 이해할 수 있다. 그는 하느님의 사랑에 대한 신뢰를 표현하며, 신앙 안에서의 끊임없는 성장과 평화를 이야기했다.

♌ 올리브오일의 특별한 가치

성경에서 올리브오일은 단순한 식용 기름이 아니라 의식과 치유의 도구로 자주 언급된다. 탈출기 27장 20절에서 성막의 등불을 밝히는데 사용된 올리브오일은 하느님의 임재와 빛을 상징한다. 또한, 올리브오일은 제사장과 왕에게 기름 부을 때 사용되며, 하느님의 선택과 축복을 나타내는 중요한 매개체가 되었다. 이는 다윗이 사무엘로부터 기름 부음을 받은 장면(1사무 16, 13)에서도 잘 드러난다. 올리브오일은 하느님의 영이 그와 함께하심을 상징하는 중요한 도구로 사용되었다.

올리브오일의 가치는 고대뿐만 아니라 현대에서도 여전히 중요하다. 단일불포화지방산이 풍부한 올리브오일은 심혈관 건강에 탁월한 효과를 제공한다. 바람직하지 못한 것으로 알려진 콜레스테롤(LDL)을 줄이고, 바람직한 콜레스테롤(HDL)을 증가시켜 심장 질환의 위험을 낮춘다. 또한, 항산화 성분인 폴리페놀과 비타민 E는 세포 손상을 방지하고 노화를 늦추는데 도움을 준다. 올리브오일은 항염증 특성이 있어 류머티즘 관절염과 같은 염증성 질환을 완화하는데 이용되고 있다. 고대에도 올리브오일이 약용으로 사용된 것도 경험적인 것을 통해 발견한 사실이다.

♎ 우리의 삶에 올리브나무가 주는 교훈

성경에서 올리브나무는 믿음과 인내를 상징한다. 올리브나무는 척박한 환경에서도 뿌리를 깊게 내려 생존하는 강인한 특성이 있으며, 열매를 맺기까지 오랜 시간이 걸리지만 열매를 맺기 시작하면 수십 년 동안 풍성한 수확을 제공한다. 이는 신앙인이 어려운 상황에서도 하느님께 뿌리를 내리고 흔들리지 않는 믿음을 유지해야 함을 상징한다. 이처럼 올리브나무는 우리의 신앙생활에도 큰 교훈을 준다. 신앙의 열매는 단기간에 나타나지 않을 수 있지만, 인내와 헌신으로 결국 풍성한 열매를 맺게 된다는 것을 올리브나무는 상기시켜 준다. 우리의 삶도 하느님의 뜻에 뿌리를 내리고, 신앙의 여정을 통해 풍요로운 열매를 맺는 과정이어야 할 것이다.

올리브오일은 성령의 상징으로 자주 묘사된다. 기름 부음 의식에서 하느님의 축복을 나타낸다. 이는 오늘날 우리의 삶에서도 성령의 인도하심과 보호하심을 상징적으로 상기시켜 준다. 올리브오일은 또한 힐링과 회복의 의미를 가지고 있다. 선한 사마리아인의 비유(루카 10, 34)에서 상처 입은 자의 상처를 치유하기 위해 기름과 포도주를 사용한 장면은 올리브오일이 치유와 회복의 도구로 사용되었음을 보여준다.

현대에서도 올리브오일은 건강을 유지하고 치유를 돕는 중요한 식품으로 널리 사용된다. 올리브오일을 사용하는 지중해식 식단은 심장 질환과 같은 만성 질환의 위험을 낮추는 것으로 알려져 있으며, 이는 하느님의 창조가 우리의 건강을 위해 얼마나 정교하게 설계되었는지를 보여준다.

정리해 보면, 성경 속 올리브나무와 올리브오일은 우리의 신앙과 삶에 많은 메시지를 전한다. 그것은 하느님께서 주신 축복과 평화, 그리고 인내의 상징이며, 우리의 영적 여정에서 깊은 통찰을 제공한다. 또한, 올리브오일의 과학적 효능은 창조주의 지혜와 사랑을 증명한다. 우리의 삶도 올리브나무처럼 척박한 환경에서도 뿌리를 깊게 내리고, 결국 풍성한 열매를 맺는 신앙의 여정이 되기를 소망한다.

물고기의 의미

우리는 일상에서 물고기를 흔히 접하는데 음식이나 자연의 일부로, 혹은 수족관에서 감상한다. 성경에서 물고기는 단순히 음식이나 생계를 위한 도구에 그치지 않고, 구원의 상징과 하느님의 섭리 그리고 신앙 공동체의 정체성을 담고 있다. 예수님과 제자들, 그리고 초기 교회의 신자들에게 물고기는 특별한 영적 의미를 지녔고, 그 상징은 오늘날에도 여전히 이어져 오고 있다. 성경 속에서 물고기는 기적과 함께 등장하며, 신앙의 여정을 걷는 우리에게 중요한 교훈을 준다.

> "여기 보리 빵 다섯 개와 물고기 두 마리를 가진 아이가 있습니다만, 저렇게 많은 사람에게 이것이 무슨 소용이 있겠습니까?" 그러자 예수님께서 "사람들을 자리 잡게 하여라." 하고 이르셨다. 그곳에는 풀이 많았다. 그리하여 사람들이 자리를 잡았는데, 장정만도 그 수가 오천 명쯤 되었다. 예수님께서는 빵을 손에 들고 감사를 드리신 다음, 자리를 잡은 이들에게 나누어 주셨다. 물고기도 그렇게 하시어 사람들이 원하는 대로 주셨다. 그들이 배불리 먹은 다음에 예수님께서는 제자들에게, "버려지는 것이 없도록 남은 조각을 모아라." 하고 말씀하셨다. 그래서 그들이 모았더니, 사람들이 보리 빵 다섯 개를 먹고 남긴 조각으로 열두 광주리가 가득 찼다. 사람들은 예수님께서 일으키신 표징을 보고, "이분은 정말 세상에 오시기로 되어 있는 그 예언자시다." 하고 말하였다. (요한 6, 9-14)

Ω 물고기와 제자들의 소명

> 예수님께서 갈릴래아 호숫가를 지나가시다가, 호수에 그물을 던지고 있는 시몬과 그의 동생 안드레아를 보셨다. 그들은 어부였다. 예수님께서 그들에게 이르셨다. "나를 따라오너라. 내가 너희를 사람 낚는 어부가 되게 하겠다." (마르 1, 16-17)

예수님께서 갈릴래아호숫가를 지나시며 어부였던 베드로와 안드레아를 부르셨을 때, 이는 단순히 직업의 전환을 의미하는 것이 아니었다. 어부로서의 그들의 삶은 사람을 구원으로 인도하는 소명으로 확장되었고, 물고기는 사람들의 영혼을 구원으로 이끄는 사명을 상징하게 되었다.

물고기를 잡는 일이 단순한 생업이 아닌, 예수님께서 제자들에게 맡기신 하느님 나라의 사명을 비유적으로 표현한 것이다. 이 장면은 제자들이 단순히 예수님의 추종자로서가 아니라, 세상에 복음을 전하고 사람들을 하느님께로 이끄는 주체가 되어야 함을 가르치신 것이다. 예수님과 함께하는 삶은 단순히 내 삶을 변화시키는 것이 아니라 다른 사람의 삶에도 영향을 미치도록 부르심을 받는 것이다.

♌ 오병이어와 생명의 상징

물고기가 지닌 또 다른 중요한 상징은 예수님의 오병이어 기적에서 나타난다(요한 6, 1-14). 다섯 개의 빵과 두 마리의 물고기로 수천 명을 먹이고도 남은, 이 기적은 물고기와 빵이 단순한 음식을 넘어 생명의 상징이자 하느님의 공급과 은혜의 상징임을 보여준다.

특히 물고기와 빵은 예수님께서 "내가 생명의 빵이다" 라고 말씀하셨던 것과 연결된다(요한 6, 35). 물고기는 빵과 함께 예수님께서 주시는 영원한 생명을 상징하며, 이는 단순히 육체의 배고픔을 채우는 음식을 넘어 영혼의 양식으로 확장된다.

하느님께서 공급해 주심은 인간의 한계를 초월한다. 우리는 때때로 삶에서 부족함을 느낀다. 자원이 부족하거나 능력이 부족하고, 미래에 대한 확신이 부족할 때가 있지만 우리가 가진 작은 것이라도 하느님께 맡기면, 그것이 놀라운 축복이 되어 돌아온다.

그리고 나눌 때 기적이 일어난다. 한 소년이 자기의 점심을 내어놓지 않았다면 이 기적은 일어나지 않았을지

모른다. 나눔은 하느님의 역사가 펼쳐지는 하나의 통로가 된다.

♌ 물고기와 순종 - 깊은 곳에 그물을 던지라

베드로는 갈릴래아 바다에서 고기를 잡던 어부였다. 하루는 밤새도록 그물을 던졌지만, 아무것도 잡지 못했다. 그런데 예수님께서 오셔서 **"깊은 데로 저어 나가서 그물을 내려 고기를 잡아라."** 하셨다. (루카 5, 4) 베드로는 망설였지만, 예수님의 말씀을 순종했다. 그 순간 놀랍게도 그물이 찢어질 정도로 많은 물고기가 잡혔다.

우리의 삶에서도 이런 순간이 있다. 열심히 노력했지만, 성과가 없을 때, 모든 것이 헛수고처럼 느껴질 때가 그렇다. 그러나 예수님의 말씀에 순종하면 우리가 예상하지 못한 축복을 경험할 수 있다.

순종은 때로 비논리적으로 보인다. 베드로 역시 밤새 헛수고한 후 다시 그물을 던지는 것이 비효율적이라고 생각했을 것이다. 그러나 신앙은 논리를 뛰어넘어 하느님의 말씀을 신뢰하는 것이다. 결국, 베드로는 이 경험을 통해 예수님을 따르는 제자가 되는 결단을 하게 된다. 우리도 하느님께서 주시는 음성에 귀 기울이고, 이해되지 않을 때라도 순종하는 믿음을 가져야 한다.

♎ 물고기와 구원 - 요나의 회개

물고기는 단순히 하느님이 공급해 주거나 순종을 의미하는 것에서 더 나아가, 구원과 회개의 상징으로도 등장한다. 요나는 하느님께서 니네베로 가서 회개를 외치라고 명령하셨을 때, 그 뜻을 거부하고 반대 방향으로 도망쳤다(요나 1-2장). 결국 바다에 던져진 그는 큰 물고기에게 삼켜져 사흘 동안 물고기 뱃속에 머물게 된다. 그곳에서 그는 하느님께 기도하고 회개하며, 마침내 다시 육지로 돌아와 사명을 수행하게 되었다.

물고기의 뱃속은 회개와 새로운 시작을 위한 공간이었다. 우리도 때때로 요나처럼 하느님의 뜻을 외면하고 자기 길로 가려 하지만, 하느님께서는 때론 우리를 멈추게 하시고 회복할 기회를 주신다.

또한, 예수님께서는 요나의 이야기를 자신의 부활과 연결하셨다. (마태 12, 40) 요나가 물고기 뱃속에 있던 3일은 예수님께서 죽음에서 부활하실 것을 상징하는 예표

였다. 즉, 물고기는 죽음에서 다시 살아나는 구원의 상징 이기도 하다.

♎ 부활의 증거와 물고기

부활하신 예수님께서 제자들에게 나타나셨을 때, 제자들은 밤새 물고기를 잡지 못했지만, 예수님의 말씀에 따라 그물을 내렸을 때 풍성한 물고기를 잡게 되었다. (요한 21, 1-14) 이 기적은 예수님께서 단순히 부활하셨다는 증거를 넘어, 그분이 여전히 제자들과 함께하시며 그들을 돌보신다는 메시지를 담고 있다.

또한, 부활하신 예수님께서 물고기를 구워 제자들과 함께 나누셨던 장면은 물고기가 단순한 음식이 아니라 예수님과의 친교와 연합을 상징한다. 물고기를 나누는 장면은 초기 교회에서 성찬례와 연결되었고, 예수님께서 주시는 생명과 구원을 기념하는 상징으로 이어졌다.

♎ 초기 교회의 물고기 상징 : 익투스

초기 그리스도인들은 로마 제국의 박해 속에서 여기 저기 피해 다니면서 지하나 카타콤 등에서 함께 기도를 드리곤 하였다. 혹시라도 길에서 믿는 사람들을 만나면 도움을 주고받을 수 있을 텐데 "당신은 그리스도인입니까?"라고 물을 수도 없는 처지였다. 그저 바닥에 물고기를 반 정도만 그리고 상대방이 그리스도인이라면 나머지 물고기의 부분을 완성하여 서로의 신앙을 확인하는 안전한 방법을 택하였다.

물고기 그림은 그리스도인이라는 특별한 신앙의 상징으로 사용했다. 신분증은 아니지만 그리스도인이라는 하나의 증표라고 말할 수 있다. 그리스어로 물고기를 뜻하는 '익투스(ΙΧΘΥΣ)'는 단순한 단어를 넘어 "예수 그리스도, 하느님의 아들, 구원자"라는 고백을 담고 있다.

〈익투스-그리스도인〉 노현경, 2025, 캔버스 유화 A4, 한마음문화사 소장

익투스는 다음 다섯 단어의 첫 글자로 구성되었다.

> I: $Iησούς$ (예수)
> X: $Χριστός$ (그리스도)
> $Θ$: $Θεοῦ$ (하느님의)
> Y: $Υἱός$ (아들)
> $Σ$: $Σωτήρ$ (구원자)

박해를 피해 숨어 지내던 초기 그리스도인들은 이 상징을 사용해 서로의 신앙을 확인했다. 익투스는 말 그대로 초기 교회의 신앙 고백이자 정체성을 드러내는 중요한 도구였다.

♌ 중세 교회의 금육과 생선의 역할

중세 이후 교회는 예수님의 고난과 희생을 기념하기 위해 금육(肉) 규정을 도입했다. 육류 섭취를 자제하고 단순한 식사로 자신을 절제하고 회개하며, 하느님과의 관계를 성찰하는데 초점을 맞췄다. 이 과정에서 생선은 금육 기간 동안 허용된 주요 음식으로 자리 잡았다. 단식과 더불어 고기를 먹을 비용을 절약하여 어려운 사람들에게 나누어 준다고 하면 오늘날 고기 가격보다도 비싼 생선을 먹지 않는 편이 더 절약될 수 있다고 생각할 수 있다. 그러나 중세에 생선을 허용하였던 이유에는 몇 가지 배경이 있다.

♎ 가난한 사람들의 음식

지금은 물고기도 많이 줄어서 쉽게 잡을 수 없어 멀리 항해할 수 있는 엔진을 장착한 중대형 어선이 물고기를 많이 잡을 수 있다. 하지만 당시에는 생선은 강, 바다, 호수에서 쉽게 구할 수 있었고, 고기보다도 생선값이 상대적으로 저렴했기에 가난한 사람들이 주로 섭취하였던 음식이었다. 이는 금육의 취지가 소박함과 절제를 실천하는데 있다는 점과 맞아서 떨어졌다.

♎ 영양학적 가치

생선은 소화가 잘되고 단백질과 비타민, 오메가-3 지방산이 풍부하여 금육 기간 동안 신체의 균형을 유지하는데 도움이 되었다. 물고기의 지방은 육류 지방보다 건강에 긍정적인 영향을 끼쳤으며, 금육 규정을 따르는 신자들이 건강을 유지하면서 영적 실천에 집중할 수 있도록 돕는 역할을 했다.

Ω 영적 상징성

물고기는 예수님과 그리스도인을 상징해 왔기 때문에 금육 기간 생선을 먹는 것은 초기 교회의 신앙 전통과 연결되는 영적 행위로 받아들여졌다. 물고기를 섭취하는 것은 "영혼의 양식을 받아들인다."라는 상징적 의미도 담고 있다.

오늘날 금육 규정은 많은 부분에서 유연해졌지만, 물고기가 담고 있는 상징성은 여전히 유효하다. 물고기는 우리에게 예수님과의 연합을 상기시키며, 우리의 신앙을 실천으로 옮길 것을 요구한다. 또한 물고기는 단순한 음식이 아니라, 초대 교회가 경험했던 신앙의 투쟁과 승리, 그리고 하느님의 섭리를 떠올리게 한다.

금육을 통해 절약된 자원은 어려운 이웃과 나누라는 교회의 가르침은 여전히 중요하다. 물고기를 먹지 않고, 혹은 더 비싼 음식 대신 소박한 식사를 선택하여 이웃 사랑을 실천하는 것은 금육의 현대적 해석으로 받아들일 수 있다.

종합해 보면, 물고기는 성경과 교회 역사에서 단순한 생물이 아니라, 예수님의 사명, 구원, 믿음과 순종 그리고 신앙 공동체의 정체성을 상징하는 특별한 존재였다. 초기 교회는 물고기를 통해 박해 속에서도 신앙을 고백했고, 금육과 연결된 전통은 절제와 회개의 가치를 심어주었다. 오늘날 물고기는 단순히 건강한 식재료를 넘어, 하느님의 섭리와 은혜를 되새기게 하는 상징이다. 우리는 물고기를 통해 예수님께서 주시는 생명을 기억하고, 그분의 은총을 믿는 신앙 안에서 살아가야 한다.

오늘도 예수님께서는 우리에게 말씀하신다.

"깊은 곳에 그물을 던지라."

그 부르심에 우리는 과연 어떻게 응답해야 하겠습니까?

단식은 왜 할까?

> 그러자 니네베 사람들이 하느님을 믿었다. 그들은 단식을 선포하고 가장 높은 사람부터 가장 낮은 사람까지 자루옷을 입었다. 이 소식이 니네베 임금에게 전해지자, 그도 왕좌에서 일어나 겉옷을 벗고 자루옷을 걸친 다음 잿더미 위에 앉았다. 그리고 그는 니네베에 이렇게 선포하였다. "임금과 대신들의 칙령에 따라 사람이든 짐승이든, 소든 양이든 아무것도 맛보지 마라. 먹지도 말고 마시지도 마라. (요나 3, 5-7)
>
> 하느님께서는 그들이 악한 길에서 돌아서는 모습을 보셨다. 그래서 하느님께서는 마음을 돌리시어 그들에게 내리겠다고 말씀하신 그 재앙을 내리지 않으셨다. (요나 3, 10)

단식은 인간의 역사 속에서 신체적, 정신적, 그리고 영적 목적으로, 지속적으로 실천됐다. 현대에서는 체중 감량이나 건강관리를 위해 단식을 선택하는 경우가 많지만, 단식의 본질적인 의미와 그 내면적인 가치에 대해서는 종종 간과한다. 여기서는 단식의 생리적, 정신적, 그리고 종교적 의미를 살펴보고, 단식이 왜 중요한지 구체적으로 이해하고자 한다.

Ω 단식의 성경적 의미

모세는 시나이산에서 40일간 단식하며 하느님의 음성을 듣고자 하였으며, 하느님으로부터 계명을 받았다(탈출기 34장). 성경에서 단식은 단순히 음식을 끊는 행위에 그치지 않았다. 단식은 하느님 앞에서 자신을 낮추고, 자신의 연약함을 인정하며, 하느님께 도움과 자비를 간구하는 영적 행위로 나타난다.

즉, 인간이 하느님과 관계를 맺기 위해 의도적으로 현세적인 욕망을 내려놓는 영적 행위이다. 구약성경에서는 단식이 주로 참회와 회개의 표시로 나타낸다. 요나서에 등장하는 니네베 사람들은 요나의 경고를 듣고 단식을 선포하며 죄를 참회함으로써 하느님의 심판을 피했다. (요나 3, 5-10)

단식은 하느님과의 관계를 회복하고, 인간의 죄로 인해 생긴 영적인 단절을 치유하기 위한 도구로 사용되었다.

신약성경에서 예수님은 단식을 새롭게 정의하셨다. 예수님은 공생활을 시작하기 전 광야에서 40일간 단식하며, 하느님의 뜻에 순종하고 사탄의 유혹을 이겨내셨다(마태 4, 1-11). 이는 단식이 단순히 개인의 고행이나 금욕을 넘어, 하느님의 계획에 자신을 온전히 맡기는 행위임을 보여준다. 또한 단식을 통해 하느님께 기도하고, 자기 삶과 사명을 성찰할 것을 강조하셨다. 이에 따라 초대 교회에서는 중요한 결정을 앞두고 단식하며 기도하고 나서 그들에게 안수를 해주고 떠나보냈다(사도행전 13, 2-3)고 전해진다.

♎ 단식과 우리 몸의 생리적 작용

현대인들은 종종 체중 감량을 위해 단식을 시도한다. 단식을 통해 체중을 줄이고 건강을 유지하려는 시도는 누구나 쉽게 접근할 수 있을 것처럼 보이지만, 단식은 사실 신중함과 꾸준함을 요구한다. 단식하게 되면 일단 체내에서는 많은 생리적 변화가 발생한다.

사람의 몸은 효소와 호르몬의 복합적인 작용으로 움직인다. 체온이 36.5℃로 일정하게 유지되고, 숨을 쉬고 생각하는 모든 활동은 효소의 작용에 달려 있다. 효소는 크게 소화효소와 대사 효소로 나뉜다. 소화효소는 우리가 섭취한 음식물을 소화하고 분해하며, 대사 효소는 흡수된 영양소를 이용해 몸의 생리 작용을 돕는다. 대사 효소는 모든 신진대사가 원활히 이루어지는데 관여하며 특히, 손상된 세포를 회복시키고 면역 기능을 지원하며, 노화를 방지하는데 중요한 역할을 한다.

단식하게 되면 신체는 먼저 체내에 축적된 영양소를 소모하며 에너지를 유지한다. 하지만 영양소가 더 이상 공급되지 않으면 대사 효소의 작용이 서서히 멈추고 신체에 이상이 생길 수 있다. 따라서 단식을 시작하거나 지속할 때는 전문가의 지도를 받으며 신중히 진행하는 것이 필요하다.

♀ 단식이 건강에 미치는 긍정적 효과

단식이 건강에 미치는 영향을 보면 단순히 음식을 섭취하지 않는 행위가 아니라, 우리 몸과 마음을 정화하고 재정비하는 기회로 작용할 수 있다.

o 대사 효율의 향상

단식은 신체의 신진대사 과정을 조절해 대사 효율을 높이는데 도움을 줄 수 있다. 일정 기간 음식을 섭취하지 않으면 체내에서 대사 속도가 조정되고, 불필요한 노폐물과 독소를 배출하는데 유리한 조건이 만들어져 건강이 개선될 수 있다.

o **면역 체계와 염증 반응 조절**

단식은 염증을 감소시키고 면역 체계를 강화하는데 도움을 줄 수 있다. 소화효소의 활동이 거의 정지되며, 대사 효소가 더 활성화되면서 손상된 세포를 스스로 정리 회복하여 재생되는 과정이 활성화된다. 이는 노화를 방지하는 효과를 낼 수 있다. 그리고 장내 미생물균의 균형을 조절하여 유익한 균이 증가하여 면역력 향상에 도움이 되며 장 점막이 개선되면서 장내 환경이 좋아지고 소화 기능도 개선된다.

o **인지 기능과 정신 건강**

일부 연구에 따르면 단식은 스트레스 호르몬인 코르티솔 수치를 안정시키고, 집중력이 높아지고 정신적으로 명료해지는 효과를 보여준다. 또 신경세포 성장인자의 분비가 증가하는데 이는 기억력과 학습 능력을 향상해 뇌 기능을 보호하는 역할을 한다. 따라서 단식을 통해 머릿

속이 맑아지고 복잡한 생각들이 정리되면서, 내면의 평화를 경험할 수 있다.

o 호흡과 산소 공급

단식하면 호흡 잔량이 감소해 신체가 신선한 산소를 더 많이 흡수할 수 있다. 이는 체내 각 세포에 충분한 산소를 공급해 건강을 유지하고 노화 과정을 늦추는데 이바지한다.

o 마음의 정화와 몰입

단식은 단순히 신체를 정화하는 행위에 그치지 않는다. 단식은 우리 자신을 되돌아보고 내면의 깊은 질문과 마주할 기회를 제공한다.

평소 "무엇을 먹을까?"라는 고민은 우리의 일상에서 많은 부분을 차지한다. 단식은 이러한 먹는 행위로부터 잠시 벗어나 우리 머릿속을 맑고 깨끗하게 만들어준다. 단식을 통해 우리는 자신을 되돌아보고, 삶의 본질적인 질문들에 몰입할 기회를 얻게 된다.

o 욕망의 절제와 성찰

인간의 본능적 욕구 중 하나인 식욕을 단식을 통해 절제하면, 자신의 욕망을 객관적으로 바라볼 수 있게 된다. 단식은 잘못된 욕망과 습관을 버리는 것이며, 나약했던 자신을 반성하며 삶의 방향성을 재정립하는 계기를 제공한다.

단식은 인간의 한계성과 연약함을 깨닫고 하느님께 의존할 것을 인정하며, 자신을 온전히 맡길 수 있는지 성찰하는 시간을 가진다. 음식을 끊는 행위를 통해 인간은 자신의 생명이 단순히 물질적인 것에 의존하지 않고, 하느님의 은총에 의해 유지된다는 사실을 체험해 본다.

o 이웃 사랑과 나눔의 실천

단식을 통해 절약된 음식이나 시간은 어려운 이웃을 돕는 데 사용할 수 있다. 단식은 단순히 개인적인 성찰로 끝나지 않고, 이웃을 사랑하고 나눔으로 발전할 수 있다. 이러한 실천은 단식이 단순히 개인적인 행위가 아니라, 공동체와의 연결을 강화하는 계기가 될 수 있음을 보여준다.

Ω 종교적 관점에서의 단식

단식은 종교적 실천에서 매우 중요하다. 구약성경에서 단식은 죄에 대한 참회와 하느님과의 화해를 상징했다. 잘못을 저질렀을 때 재와 거적을 뒤집어쓰고 단식을 통해 하느님께 자비를 구했다. 하느님과의 관계를 회복하고 본래의 모습으로 돌아가기 위한 노력의 표현이었다.

신약성경에서는 예수님께서 단식의 방향을 더욱 구체적으로 가리키셨다. 예수님은 공생활을 시작하기 전 40일 동안 광야에서 단식하며 하느님께 기도하시며, 모세가 시나이산에서 단식했던 전통을 이어갔다. 또한 예수님은 단식을 통해 우리의 죄와 고통을 대신 짊어지셨으며, 우리에게도 그분의 수난과 부활에 동참하라는 메시지를 전하셨다.

♎ 단식의 올바른 실천과 그 의미

단식은 신체적, 정신적, 그리고 영적 상태를 아우르는 종합적인 실천이다. 묵상 속에서 나 자신과 하느님을 바라보며 삶의 의미를 되새기는 시간이다.

이사야 예언자는 하느님이 기뻐하시는 단식이 진정한 참회와 정의, 사랑의 실천과 동반되어야 한다고 강조했다. 예수님께서 "너희는 단식할 때에 위선자들처럼 침통한 표정을 짓지 마라."(마태 6, 16) 라고 말씀하셨고, 또, "그리하여 네가 단식한다는 것을 사람들에게 드러내 보이지 말고."(마태 6, 18) 라고 말씀하시며 단식이 외적인 모습이 아니라 내적인 정화와 하느님께 드리는 헌신의 행위임을 가르치셨다.

정리하면 단식은 단순한 금식 이상의 의미를 지닌다. 단식은 우리의 몸과 마음 모두를 정화하며, 하느님과의 관계를 회복하고 이웃 사랑을 나누는 계기를 제공한다. 단식을 통해 우리는 자신을 돌아보고 욕망을 절제하며,

하느님께 더 가까이 나아갈 수 있다.

단식은 고통이 아니라, 영적 기쁨과 성숙으로 이끄는 길이다. 단식을 통해 절약한 것을 나누며 이웃 사랑을 실천하고, 하느님께 드리는 헌신의 행위로 삼을 때, 단식은 그 본연의 목적을 완성할 수 있을 것이다. 단식은 하느님과의 만남과 영적 변화를 위한 중요한 도구이며, 우리의 신앙 여정을 풍요롭게 하는 방법이다.

 # 소금의 역할로 바라본 그리스도인의 삶

> "소금은 좋은 것이다. 그러나 소금이 제 맛을 잃으면 무엇으로 다시 짜게 하겠느냐? 땅에도 거름에도 쓸모가 없어 밖에 내던져 버린다. 들을 귀 있는 사람은 들어라." (루카 14, 34-35)

성경에서 예수님은 "너희는 세상의 소금이다"라고 말씀하시며, 그리스도인의 본질과 역할을 비유적으로 표현하셨다. 이 말씀은 단순히 짠맛을 내는 소금의 특성을 넘어 소금의 다양한 특성과 역할을 통해 그리스도인이 세상에서 수행해야 할 사명을 나타내는 깊은 신학적 의미를 내포하고 있다. 소금은 음식의 맛을 내는 것뿐만 아니라 보존, 정화, 치유, 희생, 언약의 상징 등 다양한 역할도 한다. 성경에서 말하는 '소금의 역할'이 단순히 한 가지 기능이 아니라면 다양한 측면에서 그리스도인의 본보기는 무엇일까?

♎ 식품에서 본 소금의 다기능성

소금은 단순히 짠맛을 내는 조미료 그 이상의 역할을 한다. 식품학적으로 소금은 맛의 조화를 이루는 조미료일 뿐만 아니라, 방부제, 발효 조절제 그리고 물리적·화학적 변화를 유도하는 촉매로서 다양한 기능을 수행한다.

o **맛의 조화**

소금은 음식에서 단맛을 강화하며, 복합적인 맛의 균형을 이루어 낸다. 설렁탕이나 단팥죽에 소금을 약간 넣는 것이 맛을 극대화하는 이유이다. 이는 우리의 삶에서도 마찬가지이다. 그리스도인의 삶은 주변 사람들과 조화를 잘 이루며, 선한 영향력을 통해 모든 관계에서 긍정적 변화를 일으켜야 한다.

o **부패 방지**

소금은 식품에서 나쁜 미생물의 증식을 억제하여 부패를 막는 역할을 한다. 이는 그리스도인이 세상의 부패와 악을 방지하고, 세상의 올바름을 유지해야 한다는 의미와도 연결된다.

o 발효 조절

소금은 김치, 치즈, 된장 등 발효식품에서 미생물의 증식을 조절하여 최적의 맛과 품질을 만들어낸다. 이는 우리 신앙생활에서도 소금처럼 중심을 잡고 올바른 방향으로 나아가야 함을 상징한다.

o 영양소 보존

소금물은 감자나 사과의 갈변을 방지하며, 비타민 C 파괴를 억제한다. 마찬가지로, 그리스도인은 다른 사람들의 약한 부분을 보호하며, 그들의 가치를 존중하고 보존해야 할 책임이 있다. 아울러, 빵의 반죽을 도와주고, 거품을 제거해 주는 등 다양한 역할을 한다.

Ω 소금의 역할을 통해 본 신앙적 메시지

소금이 단순히 음식의 맛을 더하는 재료가 아니라 다양한 역할을 통해 음식의 본질을 지키고 돋보이게 하듯 그리스도인의 삶도 단순한 신앙 행위에만 머물러서는 안 된다.

예수님은 소금의 역할을 통해 우리에게 더 넓고 깊은 메시지를 전한다. 소금이 맛을 내듯 그리스도인도 세상에 긍정적인 영향력을 미치고, 하느님의 말씀과 사랑을 전달하며, 삶에 의미를 부여하는 역할을 해야 한다.

사랑, 자비, 정의, 용서 등 성경적 가치를 실천함으로써 세상을 더 나은 곳으로 만드는 역할을 해야 한다. 하지만 소금이 맛을 잃으면 쓸모없듯 그리스도인도 신앙을 잃고 세상과 타협하면 영향력을 잃고 무기력한 존재가 된다. 소금이 부패를 방지할 수 있듯이 그리스도인은 죄와 부정의가 만연한 세상에서 부패를 막는 역할을 해야 한다.

우리의 행동과 태도를 통해 사람들이 예수님의 정직과 거룩한 모습을 보고 "나도 그리스도인이 되어야겠다."라는 마음을 품게 만드는 것이야말로 소금의 역할을 한다는 의미이다. 이는 단순한 종교적 역할을 넘어 세상 속에서 빛과 소금으로 살아가는 삶의 자세를 말한다.

소금은 음식의 부패를 막고 그 맛을 유지하며, 부족한 부분을 채워준다. 이는 우리가 세상 속에서 다른 사람들에게 선한 영향력을 미치고, 타인의 필요를 채우며, 어둠 속에서 빛을 비추는 삶을 살아야 함을 의미한다. 단순히 교회 안에서 봉사활동에 그치지 말고, 교회 밖의 세상 속에서 진정한 그리스도인의 역할을 감당해야 한다.

♒ 소금의 역할을 확장한 실천적 삶

소금의 여러 가지 기능처럼 우리도 다양한 환경과 상황 속에서 우리의 역할을 다해야 한다. 교회 내에서 봉사활동을 열심히 하는 것도 중요하지만, 그리스도인의 역할은 거기에서 멈춰서는 안 된다. 세상 속에서 어려움을 겪는 이웃들을 돕고, 작은 도움이라도 나누며, 사랑을 실천하는 것이 진정한 소금의 역할이다.

ㅇ 사랑과 나눔의 실천

예수님은 우리가 가난하고 병든 자, 소외된 자들을 돕고 사랑하며, 그들의 필요를 채우는 삶을 살아야 한다고 가르치셨다. 예를 들어 명동밥집에서 노숙자들에게 밥을 나누는 일에 봉사하는 행위는 그 자체로 세상의 소금이 되는 삶을 보여주는 것이다.

o 조화와 배려

소금은 음식 속에서 다른 맛들과 조화를 이루듯, 우리도 모든 사람과 조화를 이루며, 서로를 존중하고 배려하는 삶을 살아야 한다. 공동체 안에서 설령 내 뜻과 다르더라도 상대방의 상황을 이해하려고 노력하고, 용서와 화해의 마음을 품는 것이 소금의 역할을 다하는 길이다.

o 도덕적 정화

소금은 물을 정화하고, 상처를 치유하는 역할을 한다. 고대에는 소금을 소독제처럼 사용하여 상처를 치료하거나 부패한 물을 정화하는 데 사용했다.

이처럼, 그리스도인은 세상의 정화 역할을 해야 한다. 죄로 인해 오염된 세상에서 진리를 전하고, 사랑과 정의를 실천함으로써 도덕적·영적 정화를 이루어야 한다. 소금이 상처를 소독하는 역할을 하는 것처럼 그리스도인은 상처받은 이웃을 위로하고, 영적 치유자로 살아가야 한다.

> 이 말에 엘리사는 "새 그릇에 소금을 담아 가져오시오." 하고 일렀다. 그들이 소금을 가져오자, 엘리사는 물이 나오는 곳에 가서 거기에 소금을 뿌리며 말하였다. "주님께서 이렇게 말씀하신다. '내가 이 물을 되살렸으니, 이제 다시는 이 물 때문에 죽거나 생산력을 잃는 일이 없을 것이다.'" (1열왕 2, 20-21)

○ 희생과 헌신

자신의 이익보다 공동체와 타인의 필요를 우선시하는 희생정신을 가져야 한다. 진정한 소금은 자신의 희생을 통해 세상을 더 나은 곳으로 만드는 역할을 한다.

> 너희가 곡식 제물로 바치는 모든 예물에는 소금을 쳐야 한다. 너희가 바치는 곡식 제물에 너희 하느님과 맺은 계약의 소금을 빼놓아서는 안 된다. 너희의 모든 예물과 함께 소금도 바쳐야 한다. (레위 2, 13)

소금이 희생 제물과 함께 사용된 것은 헌신과 언약의 상징이다. 이는 그리스도인이 세상을 위해 희생하며, 하느님과의 언약을 지켜야 함을 의미한다. 예수님도 자신을 희생하여 인류를 구원하셨고, 그리스도인은 예수님의 희생을 본받아 섬김과 헌신의 삶을 살아야 한다.

소금은 변하지 않는 성질을 가지고 있다. 시간이 지나도 소금 자체는 부패하지 않는다. 이 때문에 성경에서는 소금을 변하지 않는 언약의 상징으로 사용한다.

> "이는 너와 너의 후손들을 위하여 주님 앞에서 맺은 영원한 소금 계약이다." (민수 18, 19)

하느님께서 이스라엘과 맺은 언약은 영원히 변하지 않으며, 이는 그리스도인이 하느님과의 언약을 충실히 지켜야 한다는 교훈을 준다.

o **맛을 내는 역할** → 삶에 의미를 부여하고, 하느님의 사랑을 세상에 전파하는 존재

o **보존(방부제) 역할** → 세상의 부패를 막고, 도덕적·윤리적 기준을 세우는 존재

o **정화와 치유의 역할** → 영적, 도덕적 정화를 이루며, 아픈 사람들을 위로하는 존재

o **희생과 헌신의 역할** → 하느님과 사람을 위해 희생하며 헌신하는 존재

o **언약의 상징** → 하느님과의 관계를 지키고 변치 않는 믿음을 유지하는 존재

그리스도인으로서 소금의 역할 다하기

예수님은 "너희는 세상의 소금이다"라는 말씀을 통해, 우리가 단순히 개인적인 신앙생활에 그치지 않고 세상 속에서 빛과 소금으로 살아가야 함을 강조하셨다.

소금은 그 자체로 눈에 띄지 않지만, 음식의 맛을 돋보이게 하고 그 본질을 지켜준다. 마찬가지로 그리스도인의 삶도 자신을 드러내기보다 타인의 필요를 채우고, 선한 영향력을 통해 세상에 희망과 사랑을 전하는 데 초점이 맞춰져야 한다.

o **빛과 소금의 삶**

예수님은 우리에게 단순히 교회 안에서 봉헌하고 활동하는 것을 넘어 세상 속에서 소금처럼 다양한 역할을 수행하며 선한 영향력을 끼치라고 하셨다.

o 올바른 신앙의 나침판 되기

우리 각자가 신앙의 나침판이 되어, 세상 속에서 방황하는 이들에게 방향을 제시하고, 삶의 길을 밝혀주는 역할을 해야 한다. 커뮤니티 속에서 펼쳐지는 활동들이 우리 모두를 하나 되게 만들어 나갈 그런 날을 기대해 본다.

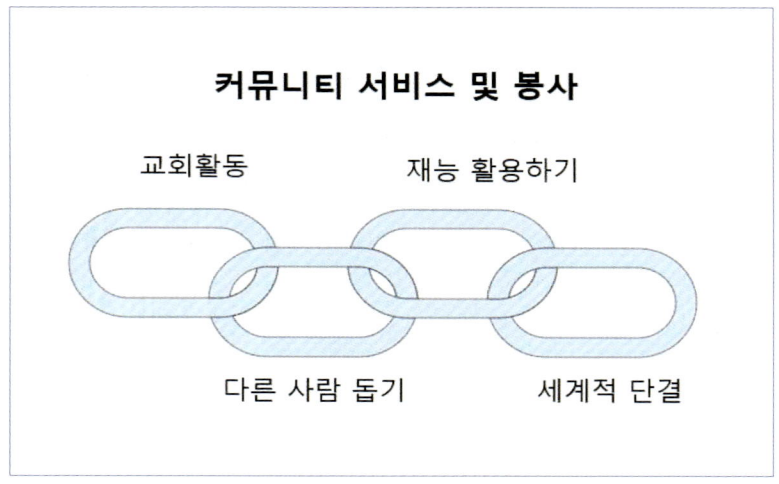

정리하면 소금의 다양한 기능처럼, 그리스도인의 삶도 여러 역할을 요구받는다. 세상의 부패를 막고, 맛을 더하며, 조화를 이루는 소금처럼, 우리도 세상 속에서 선한 영향력을 다양하게 발휘하며 살아야 한다.

소금의 역할은 단순한 신앙 행위에 그치지 않는다. 세상의 소금으로서 우리는 이웃과 세상을 사랑하고, 섬기며, 함께하는 삶을 통해 예수님의 가르침을 실천해야 한다. 그것이 바로 우리가 진정한 그리스도인으로 살아가는 길이며, 예수님께서 우리에게 요구하신 소금의 역할을 완성하는 길이다.

 **새 부대의 의미와 새로운 신앙의 길**

> "또한 새 포도주를 헌 가죽 부대에 담지 않는다. 그렇게 하면 부대가 터져 포도주는 쏟아지고 부대도 버리게 된다. 새 포도주는 새 부대에 담아야 한다. 그래야 둘 다 보존된다."
> (마태 9, 17; 마르 2, 22; 루카 5, 37-38)

새 포도주와 헌 부대의 비유

예수님은 "새 포도주를 헌 가죽 부대에 담지 않는다."라는 비유를 통해 새로운 시대와 새로운 가르침의 의미를 전하셨다. 이는 새 포도주가 헌 부대를 터뜨릴 위험이 있다는 단순한 물리적 원리를 넘어, 새롭고 신선한 가르침은 오래된 틀이나 낡은 전통에 갇혀서는 제대로 담길 수 없음을 상징한다.

포도주가 발효되면서 생기는 압력은 낡은 부대에 담길 경우 이를 견딜 수 없어 터져버린다. 마찬가지로, 예수님의 가르침은 구약의 율법과 전통만을 고수하던 유대 사회에 새롭고 신선한 변화를 요구하는 메시지를 전달하셨다. 이는 단순히 구약의 율법을 폐지하자는 것이 아니라, 그 율법의 본질을 완성하고 이를 새로운 계명과 은혜의 시대에 맞게 변화시키는 것이었다.

새 포도주는 새로운 은혜와 사랑, 그리고 신앙의 깊이를 상징하며, 헌 부대는 낡고 경직된 전통과 형식적 신앙을 나타낸다. 예수님은 이를 통해 신앙의 본질은 변하지 않지만, 이를 담는 방식이나 표현은 시대에 맞게 새롭게 변해야 함을 강조하셨다.

♌ 부패와 오염의 위험성

포도주, 우유, 치즈 등 발효식품은 깨끗하고 적합한 환경에서만 제대로 만들어질 수 있다. 살균된 우유를 오래된 용기에 담거나 위생이 불량한 환경에서 포장할 경우, 그 안에 미생물이 침투하여 부패하거나 오염될 수 있다.

이는 미국에서 실제로 발생한 사례로, 1983년 캘리포니아의 우유 공장에서 살균 우유가 제대로 밀봉되지 않은 채 포장 용기에 담겼고, 오염된 지하 냉각수에 의해 냉각과정에서 오염이 일어나, 그 결과 수십 명의 목숨을 앗아간 리스테리아균 감염 사건으로 이어졌다.

이처럼 새 포도주를 헌 부대에 담는다는 것은 단순히 부적절한 용기의 선택 문제가 아니라, 새로운 것을 담기 위해서는 반드시 새로운 환경과 조건이 필요함을 상징적으로 보여준다. 이는 신앙에서도 마찬가지로, 새로운 가르침을 받아들이기 위해 우리의 마음과 자세를 새롭게 해야 함을 의미한다.

♎ 구약 율법과 새로운 계명

예수님께서 오신 당시 유대 사회는 구약의 율법과 전통이 깊이 뿌리내리고 있었다. 그러나 많은 경우, 율법은 그 본래의 의미와 목적을 잃어버리고, 형식적이며 경직된 틀로 변질되어 있었다. 예수님은 이러한 율법의 한계를 지적하시며, "사랑하라"는 새로운 계명을 제시하셨다. 이는 율법의 본질을 되찾아 사랑과 자비를 중심으로 한 신앙생활을 요구한 것이다.

간음한 여인을 돌로 치려던 사람들에게 예수님은 "죄 없는 자가 먼저 돌을 던져라."라고 말씀하셨다. 이는 율법의 형식에만 얽매여 상대를 심판하려는 자세를 지적하며, 진정한 신앙은 자비와 용서를 통해 완성된다는 메시지를 전달하셨다. 이러한 가르침은 헌 부대에 새 포도주를 담으려는 시도를 경고하며, 새로운 신앙의 자세로 나아가야 함을 상기시킨다.

Ω 새로운 계명을 위한 새로운 자세

새로운 가르침을 받아들이기 위해 우리의 마음과 태도를 새롭게 해야 한다. 오래된 전통에 안주하거나 과거의 틀에 갇힌 신앙은 새로운 은혜와 가르침을 온전히 담을 수 없다. 바리사이파와 율법 학자들은 오랜 전통과 지식에 얽매여 예수님의 가르침을 받아들이지 못했다. 그들은 기도와 단식이라는 형식적 행위를 통해 자신을 거룩하게 보이려 했으나, 그 내면은 하느님의 뜻과 멀어져 있었다.

예수님은 이러한 경직된 신앙을 넘어서, 사랑과 자비를 실천하며 신앙의 본질을 찾으라고 가르치셨다. 새로운 포도주를 담기 위해서는 새 부대가 필요하듯이, 새로운 은혜와 계명을 받아들이기 위해서는 우리 스스로 변화된 자세를 가져야 한다.

Ω 현대적 적용 : 변화와 유연성의 중요성

예수님의 가르침은 오늘날에도 동일하게 적용된다. 현대 사회는 급격히 변화하고 있으며, 신앙인들도 이러한 변화에 적응해야 할 필요가 있다. 신앙의 본질은 변하지 않지만, 이를 표현하는 방식이나 이해는 시대와 문화에 따라 달라질 수 있다.

예수님께서 새 포도주를 헌 부대에 담지 말라고 하신 말씀은 신앙이 고정된 틀에 갇히지 않고, 새로운 상황과 필요에 맞게 유연하게 변화해야 함을 강조한다. 이는 신앙이 단순히 율법적이고 규범적인 틀에 갇히는 것이 아니라, 하느님과 올바른 관계를 유지하며 시대의 요구에 맞게 살아 숨 쉬어야 함을 의미한다.

설탕이 귀했던 시절에는 식품이 아니라 약으로 사용된 적이 있다. 사순절에 단식하는 과정에서도 설탕은 허용되기도 하였다. 그러나 오늘날 설탕은 식품의 자리를 차지하고 있다. 스페인에서 초콜릿이 들어와 많은 사람이 즐기고 있을 때 꽤 오랫동안 단식 기간에 먹어도 되느냐 논란이 있었다. 이처럼 현대에 와서 생활이 복잡해지고 단식재를 지키는데 현실적인 문제가 많이 생겨났다.

1966년 교황 바오로로 6세는 페니테미니(Paenitemini) 교서를 통해 단식규정을 개정하였다. 이 규정에 따르면 '단식은 그날 점심 한 끼를 충분하게 하고 아침과 저녁에는 그 지방의 관습에 따라 음식의 양과 질을 조절할 수 있다'라고 단식의 법적인 의미만 남기고, '단식에 대한 효과적인 규정은 각 나라의 주교회의에 맡긴다.'라고 규정하였을 정도로 새 포도주를 새 부대에 담으려고 노력하고 있다.

♎ 새로운 신앙의 길로 나아가기

예수님은 십자가의 희생을 통해 새로운 은혜의 시대를 열어주셨다. 우리는 이러한 은혜를 받기 위해 우리의 삶과 신앙의 자세를 새롭게 해야 한다. 예수님을 만나기 이전의 삶과 만남 이후의 삶은 분명히 달라야 하며, 이제는 사랑과 자비라는 새로운 계명을 실천해야 한다.

새 부대에 새 포도주를 담으라는 말씀은 우리에게 주어진 새로운 은혜를 깨끗하고 정결한 마음으로 받아들이라는 가르침이다. 이는 하느님과의 관계를 원만히 유지하며, 시대와 상황에 맞게 신앙을 실천하라는 메시지이다. 새로운 계명을 받아들여 우리 자신을 변화시키고, 그 변화된 신앙으로 세상을 밝히는 것이 우리의 소명임을 잊지 말아야 한다.

선악과는 사과인가, 무화과인가?

> 그러나 동산 한가운데에 있는 나무 열매만은, '너희가 죽지 않으려거든 먹지도 만지지도 마라.' 하고 하느님께서 말씀하셨다." 그러자 뱀이 여자에게 말하였다. "너희는 결코 죽지 않는다. 너희가 그것을 먹는 날, 너희 눈이 열려 하느님처럼 되어서 선과 악을 알게 될 줄을 하느님께서 아시고 그렇게 말씀하신 것이다." 여자가 쳐다보니 그 나무 열매는 먹음직하고 소담스러워 보였다. 그뿐만 아니라 그것은 슬기롭게 해 줄 것처럼 탐스러웠다. 그래서 여자가 열매 하나를 따서 먹고 자기와 함께 있는 남편에게도 주자, 그도 그것을 먹었다. 그러자 그 둘은 눈이 열려 자기들이 알몸인 것을 알고, 무화과나무 잎을 엮어서 두렁이를 만들어 입었다. (창세 3, 3-7)

창세기에서 등장하는 선악과는 **"선과 악을 알게 하는 나무의 열매"** 로 묘사한다. 그러나 이 열매가 구체적으로 어떤 과일인지에 대한 설명은 없다. 그럼에도 불구하고, 많은 사람들은 선악과를 사과로 연상한다.

이는 문화적, 역사적 요인과 함께 사과가 가진 상징성과 관련이 깊다. 동시에 무화과가 선악과일 가능성에 대한 논의도 존재한다. 선악과를 사과와 무화과 중 어느 하나로 특정할 수는 없지만, 두 과일이 가지는 상징성과 식품학적 특성을 바탕으로 그 의미를 살펴볼 수 있다.

o 사과(선악과의 대표적 상징)

사과가 선악과로 널리 알려지게 된 데에는 몇 가지 문화적 배경이 있다. 존 밀턴이 1667년 간행한 《실낙원》에서 선악과를 사과로 언급한 점, 그리고 라틴어에서 사과(malus)를 뜻하는 단어와 악(malum)을 뜻하는 단어의 발음이 유사하여 사과를 선악과로 연상되게 했다는 주장이다. 또한, **"그 나무 열매는 먹음직하고 소담스러워 보였다."** (창세 3, 6)는 표현이 빨갛고 반짝이는 사과의 이미지를 떠올리게 했을 가능성도 있다.

사과는 식품학적으로 매우 영양가 높은 과일로 알려져 있다. 사과에 포함된 유기산(사과산, 구연산)은 에너지 대사를 활성화하며, 피로 회복과 기분 개선에 도움을 준다. 또한, 비타민 C가 풍부해 항산화 기능을 강화하고 면역력을 높이며, 수용성 식이섬유인 펙틴이 장 건강을 개선하고 변비를 예방한다. 사과는 '자연의 칫솔'이라고 불릴 정도로 충치 예방과 구강 건강에도 효과적이며, 인체에 필수적인 미네랄과 영양소를 제공한다. 이렇듯 영양학적으로 우수한 사과는 의료산업이 발달하기 전에는 매일 하루에 한 개씩만 먹어도 의사를 만날 필요가 없다고 할 정도로 가정상비약에 준하는 식품으로 알려졌다.

사과가 우리 몸에 좋다고 하니 씨까지도 먹는 사람들이 있다. 씨를 먹더라도 으깨서 먹지 않으면 그대로 배설이 되어 아무런 문제가 없으나 씨를 으깨 부숴서 먹는 경우 위험할 수도 있다. 사과의 씨앗에는 독성 성분인 아미그달린이 포함되어 있어 섭취 시 청산가리의 성분인 시안기와 수소가 만나 시안화수소를 생성할 가능성이 있다. 이는 사과가 건강에 이로우면서도, 특정 조건에서는 해를 끼칠 수 있는 양면적 특성을 지닌다. 최근 세상을 뜨겁게 달구고 있는 AI의 기초를 마련한 인물이지만 사회에 적응하는 것이 힘들어 비관한 끝에 사과에다가 청산가리를 주입한 후 한입 먹고 자살한 사람이 있다. 그런 앨런 튜링의 결단을 되새기면서 먹다만 사과를 애플사의 로고로 만든 것에도 다 나름 이유가 있다. 사과의 효능 못지않게 위험이 도사리고 있다는 점이다. 선과 악이 공존하는 인간의 자유 의지와도 유사한 이중적 속성을 가지고 있다.

o 무화과(또 다른 선악과의 후보)

무화과도 선악과의 후보로 자주 언급된다. 성경의 배경이 되는 팔레스타인 지역에서 무화과는 매우 흔한 과일로, 당시 유대인들에게 과일의 대명사로 여겨졌다. 또한, 창세기 3장에서 아담과 이브가 선악과를 먹은 후 부끄러움을 느끼고 무화과 잎으로 자신을 가렸다는 점도 무화과가 선악과일 가능성을 암시한다. 미켈란젤로는 시스티나 성당의 천장 벽화 '천지창조'에서 사과 대신에 무화과 열매를 보여주었는데 창세기 3장에서도 '무화과 나무 잎을 엮어서'라는 표현이 나오는 것으로 미루어 무화과일 것으로 생각한 듯하다. 이처럼 지역에 따라 다른 과일들을 연상할 수도 있다고 본다.

무화과는 영양가가 풍부한 과일로, 식이섬유와 미네랄(칼륨, 칼슘)이 풍부하며 소화를 돕고, 장 건강을 개선하는 데 효과적이다. 무화과의 높은 당분은 에너지 보충에 유용하며, 항산화 성분인 폴리페놀과 비타민이 포함되어 있어 면역력 강화와 항염 효과를 제공한다.

무화과는 성경에서 영적인 의미를 담고 등장하기도 한다. 예수님께서 무화과나무를 저주하신 사건(마태 21장)은 무화과가 외형적으로는 열매를 맺을 준비가 되어 있었지만, 실질적으로 열매가 없었던 것을 꾸짖는 비유로, 이는 형식적인 신앙을 경고하는 상징으로 해석된다. 이 점에서 무화과는 선악과가 인간의 잘못된 선택을 상징하는 과일일 가능성이 높다.

Ω 선악과의 상징성과 인간의 자유 의지

선악과가 사과든 무화과든, 성경의 핵심은 그 과일의 종류가 아니라, 인간이 하느님의 명령을 어기고 스스로 선과 악을 판단하려 한 데 있다. 선악과를 따 먹은 아담과 이브는 하느님의 말씀을 거역함으로써 원죄를 짓고 에덴동산에서 추방되었다. 이는 인간이 하느님과의 관계를 깨뜨리고 독립적인 판단을 하려는 자유 의지의 결과를 상징한다.

사과와 무화과는 각각의 상징성과 특성을 통해 선과 악, 인간의 선택, 그리고 그로 인한 결과를 잘 나타낸다. 사과의 양면성은 인간이 선과 악 모두를 선택할 수 있음을 상징한다. 무화과는 성경에서 등장하는 신앙적 비유와 결부되어, 외형적인 신앙과 내면의 진실성에 대한 경고를 전달한다.

선악과의 종류에 대해 특정한 해석을 고수하지 않지만, 중요한 것은 선악과가 어떤 과일이었는지가 아니라, 인간이 하느님의 명령을 어기고 유혹에 빠졌다는 사실이다. 이는 인간의 나약함과 한계성, 그리고 구원이 필요한 존재로서의 본질을 보여준다.

아담과 이브의 이야기는 인간이 유혹을 이겨내지 못하고 죄를 짓게 되는 과정을 보여줌과 동시에, 하느님께서 구속 사업을 통해 인간을 구원하시려는 계획을 시작하신 기점으로 이해된다. 선악과는 인간의 자유 의지와 하느님의 명령에 대한 순종의 중요성을 강조하며, 신앙인의 삶에서 유혹과 죄를 극복하고 하느님과의 관계를 회복해야 한다는 교훈을 제공한다.

정리하면, 선악과가 사과인지 무화과인지에 대한 논쟁은 흥미롭지만, 성경의 핵심 메시지는 그것이 무엇인지 특정 짓는 데 있지 않다. 사과는 그 양면적 특성과 보편성으로 인해 선과 악을 알게 하는 과일로 적합한 상징성을 가지며, 무화과는 성경의 배경과 관련된 상징적 맥락을 제공한다. 두 과일 모두 인간의 나약함, 자유 의지, 그리고 하느님과의 관계 회복의 필요성을 상징적으로 드러낸다.

선악과의 교훈은 오늘날에도 유효하다. 인간의 나약함을 인정하고, 하느님의 말씀에 순종하며, 유혹과 죄를 이겨내는 노력을 통해 하느님과 올바른 관계를 회복하려는 신앙적 자세가 중요하다. 선악과의 이야기는 단순히 과거의 사건이 아니라, 현대를 살아가는 신앙인에게도 깊은 성찰과 교훈을 제공한다.

〈선악과의 유혹〉 노현경, 2022, 캔버스 유화 4F, 작가 소장

 ## 향유의 성서적 의미와 식품과의 연관성

> 어떤 여자가 매우 값진 향유가 든 옥합을 가지고 다가와, 식탁에 앉아 계시는 그분 머리에 향유를 부었다. 제자들이 그것을 보고 불쾌해하며 말하였다. "왜 저렇게 허투루 쓰는가? 저것을 비싸게 팔아 가난한 이들에게 나누어 줄 수도 있을 터인데." 예수님께서 그것을 아시고 그들에게 이르셨다. "왜 이 여자를 괴롭히느냐? 이 여자는 나에게 좋은 일을 하였다. 사실 가난한 이들은 늘 너희 곁에 있지만, 나는 늘 너희 곁에 있지는 않을 것이다. 이 여자가 내 몸에 이 향유를 부은 것은 내 장례를 준비하려고 한 것이다. (마태 26, 7-12)

향유는 성경에서 깊은 상징성을 지니고 있으며, 신앙적 의미뿐 아니라 전통적인 치료와 미용, 심지어 의식과 제사에서 중요한 역할을 해왔다. 성경 속에서 향유는 단순한 물질적 가치 이상의 신성함과 헌신, 회개, 그리고 예수님의 죽음과 부활을 상징하는 중요한 매개체로 등장한다. 이를 식품과학적 관점에서 바라보면, 향유의 생리학적 특성과 기능이 그 상징성과 밀접하게 연관되어 있음을 알 수 있다.

♫ 향유의 성서적 의미

성경에서 향유는 신성한 의식과 제사에서 자주 사용되었다. 탈출기 30장에 따르면, 하느님은 모세에게 특별한 향유를 만드는 방법을 지시하며 이를 대제사장과 제사장들을 위해 사용하도록 명하셨다. 이는 제사장이 하느님께 봉사하는 특별한 직무를 맡도록 성별하는 의식의 일부였으며, 이 기름 부음은 제사장의 거룩함과 하느님과의 연결을 상징한다.

또한, 예수님과 관련된 사건에서도 향유는 매우 상징적으로 사용되었다. 한 여인이 값비싼 나르드 향유를 예수님의 발에 부었을 때, 이는 예수님의 장례를 준비하는 행위로 묘사되었다. (마태 26장, 마르 14장). 이 여인은 자신의 죄를 회개하며 예수님께 헌신하는 마음으로 가장 귀한 것을 드렸다. 예수님은 이 여인의 행위를 높이 평가하며, 그녀의 행위가 예수님의 죽음을 예고하고 하느님과의 연결을 상징하는 깊은 신앙의 표현임을 밝히셨다.

성경에서 향유는 단순히 물질적인 가치나 향기 이상의 상징성을 지닌다. 이는 신성함, 헌신, 회개 그리고 영적 치유를 나타내며, 나아가 예수님의 희생과 부활을 통해 이루어진 인류의 구속을 상징적으로 드러낸다.

Ω 향유의 식품학적 기능과 특성

식품과학적으로 향유는 다양한 식물에서 추출한 에센셜오일로, 항산화, 항염증, 항균 등의 생리활성 효과를 지닙니다. 그리고 향미제로 활용되기도 하였다. 고대에는 이러한 특성이 자연적으로 알려져 있었으며, 치료와 미용, 그리고 방부제로도 사용되었다.

향유의 주요 성분에는 식물이 자신을 보호하기 위해 생성하는 생리 활성물질이 포함된다. 예를 들어, 항산화 성분은 활성산소로부터 세포를 보호하며 노화를 억제하고, 염증을 줄이는 데 도움을 준다. 이는 신체뿐 아니라 피부의 건강을 개선하고, 치유와 회복을 돕는 데 효과적이다.

향유의 항균성과 방부 효과도 주목할 만하다. 계피, 유향, 몰약, 나르드와 같은 향유 성분들은 침범하는 미생물의 성장을 억제하고 변질을 방지하며, 이런 연유로 오늘날 식품 보존제나 치료제로 활용되고 있다. 예를 들어, 계피는 소화기 건강을 돕고 항균 효과가 있어 방부제로 사용되며, 나르드는 미량으로 식품의 풍미를 높이고 안정성을 제공한다.

♌ 식물과 예수님 희생의 비유

식물이 향유를 생성하는 방식과 예수님의 삶을 비유적으로 연결할 수 있다. 식물은 자신을 방어하기 위해 항산화 물질과 향기 물질을 만들어내며, 이는 환경적 스트레스와 외부의 공격으로부터 다른 곳으로 피하지 못하고, 그 자리에서 식물을 보호해야 한다. 예수님 역시 대사제들과 바리사이파 사람들의 끊임없는 도전과 핍박 속에서도 도망가지 않으시고, 진리를 말씀하시며 십자가의 희생을 받아들이셨다.

향유의 항산화제는 자신이 먼저 산화됨으로써 함께 존재하는 해당 식물(식품)의 산화가 더욱 천천히 일어나도록 유지하여 변질을 방지한다. 이는 예수님의 희생과도 비슷한 점이 있다. 예수님은 자신의 생명을 희생하심으로써 인류를 구원하셨다. 이와 같은 관점에서, 향유의 기능은 예수님의 구속 사역과 상징적으로 연결될 수 있다.

Ω 성경에 등장하는 주요 향유

성경에서 등장하는 대표적인 향유와 그 특징은 다음과 같다.

o 유향(Frankincense)

유향나무에서 추출되는 수액이다. 이 나무는 주로 아라비아반도(오만, 예멘), 동아프리카(소말리아, 에티오피아), 인도, 파키스탄 등의 건조한 지역에서 자란다. 고대 이집트와 중동에서 제사와 의식에 사용되었으며, 건조된 유향을 긁어내어 향료, 의약품, 화장품의 연료로 사용한다. 아울러 신성한 향기로 하느님께 드리는 제물의 상징으로 여겨졌다. 오늘날에는 항염증 효과와 면역력 강화 등 건강 증진에 사용한다.

o 몰약(Myrrh)

몰약 나무(Commiphora myrrha)에서 얻은 천연수지(송진과 비슷한 수액이 굳어진 것) 이다. 주로 아프리카 동부, 아라비아반도, 인도 등지에서 자라는 몰약 나무에서 채취된다.

몰약은 강한 향을 가지고 있으며, 쓴맛이 난다. 황갈색 또는 적갈색의 덩어리 형태로, 단단하지만 쉽게 부서질 수 있다. 물에는 잘 녹지 않지만, 알코올, 기름 등에 용해되며, 주로 항염과 살균 효과가 있어 상처 치료나 잇몸 치료, 가글, 피부 염증 완화와 관절염, 근육통 완화, 위장 건강을 돕는 약재로 사용된다.

고대 이집트, 그리스, 로마 시대부터 신성한 향료로 사용되었다. 동방 박사가 예수에게 바친 세 가지 예물(황금, 유향, 몰약) 중 하나이다. 불교, 힌두교, 이슬람 문화에서도 의식용 향으로 사용한다.

몰약과 유사한 유향(乳香, Frankincense)과의 차이점은 몰약은 더 진한 향과 쓴맛, 주로 약용 및 향료로 사용되며, 유향은 더 부드럽고 달콤한 향, 주로 향료와 종교의식에 사용한다. 몰약은 고대부터 약재, 향료, 종교의식 등 다양한 용도로 사용된 귀한 천연 수지이다.

또한, 장례식에서 사용되며, 예수님의 죽음을 상징하기도 한다.

o 나르드(Nard, Spikenard)

고대부터 귀한 향유로 주로 고산지대인 히말라야 지역(인도, 네팔, 티베트)에서 자라는 나르드 식물(Nardostachys jatamansi)의 뿌리에서 오일을 추출한다. 따뜻하고, 흙냄새와 약간의 달콤한 향이 나며, 황금빛 또는 짙은 호박색을 띤다.

신약성경에서 마리아가 예수의 발에 부은 '값비싼 향유'가 나르드였다고 전해진다. 유대교 및 초기 기독교에서 중요한 의식용 오일로 사용되었으며, 고대 이집트, 로마, 그리스에서도 사용되었다. 귀족과 왕족이 미라 방부처리, 향수, 의식용 기름으로 사용되었고, 로마 시대에는 고급 향수와 화장품 원료로도 쓰였다.

o 계피(Cinnamon)

계피는 녹나무과(Cinnamomum) 나무의 껍질을 말린 향신료이다. 특유의 달콤하고 따뜻한 향과 맛이 있어 요리, 약재, 향료, 성전의 향유 제조에 사용되었다. 항균, 항염증 효과가 있어 소화기 건강과 미생물 억제에 도움을 준다.

o 사프란(Saffron)

사프란은 붓꽃과(Crocus) 식물의 암술머리에서 얻는 고급 향신료이다. 세계에서 가장 비싼 향신료 중 하나로, 특유의 강렬한 붉은색과 독특한 향, 맛을 지니고 있다. 주로 이란, 인도(카슈미르), 스페인, 그리스, 모로코 등에서 생산되며, 사프란 꽃의 암술머리에서 추출하는데 짙은 붉은색을 띠며, 달콤하면서도 꽃향기와 비슷한 독특한 향이 난다. 또한, 살짝 씁쓸하면서도 부드럽고 깊은 맛이 난다. 사프란 1kg을 얻으려면 약 15만~20만 송이의 꽃이 필요하고, 모두 손으로 수확해야 하므로 생산 비용이 많이 든다. 사프란은 전통적으로 건강에 좋은 약재와 요리에서 색과 풍미를 더하며, 향신료로 사용되었다.

〈향기로운 헌신〉 노현경, 2022, 캔버스 유화 5F

Ω 성서적 의미와 현대적 연관성

성경에서 향유는 하느님께 드리는 제물이며, 신앙적 헌신과 영적 치유의 상징으로 등장한다. 현대 식품학에서 향유의 기능은 항산화, 항염증, 항균과 같은 특성을 통해 인간의 건강을 보호하고 개선하는 데 이바지하였다. 이는 예수님의 희생과 헌신, 그리고 치유의 사역과 상징적으로 맞닿아 있다.

여인이 예수님의 발에 향유를 바른 사건은 단순히 헌신의 표현이 아니라, 예수님이 십자가에 못 박히기 전, 그의 장례를 준비하며 드리는 상징적 행위였다. 이는 자신이 가진 가장 귀한 것을 드림으로써 예수님에 대한 사랑과 헌신을 나타낸 사건이었다. 또한, 향유를 통해 우리는 자신을 희생하며 타인을 위해 봉사하는 삶의 본질을 깨달을 수 있다.

종합해 보면, 향유는 성경에서 단순히 값비싼 물질적 가치 이상의 상징성을 지닌다. 이는 헌신, 회개, 영적 치유, 그리고 예수님의 구속 사역을 드러내는 도구로 사용되었다. 식품학적으로 향유의 기능과 특성은 그 상징성과 깊이 연결되어 있다. 향유는 자신을 희생하여 다른 생명을 보호하고 치유하는 역할을 하며, 이는 예수님이 보여주신 사랑과 희생의 본질을 잘 나타낸다. 현대에서도 우리는 향유의 생리학적 기능과 상징성을 통해 신앙의 가르침을 실천하는 삶을 추구할 수 있어야 한다.

젖과 꿀이 흐르는 땅은 어딜까?

성경에서 "젖과 꿀이 흐르는 땅"(탈출 3, 8)이라는 표현은 가나안 땅을 묘사하는 데 사용된 상징적 표현으로, 하느님께서 이스라엘 백성에게 약속하신 풍요와 번영 그리고 영적 축복을 나타낸다. 이 표현은 단순히 농업적 풍요를 넘어 하느님이 약속하신 구원의 땅, 신앙의 땅을 상징한다. 이러한 상징을 식품과학적 관점과 성경적 맥락에서 살펴보면, 젖과 꿀이 지닌 깊은 의미를 더 잘 이해할 수 있다.

♎ 꿀의 상징과 과학적 특성

꿀은 고대부터 하늘이 내린 선물로 여겨졌으며, 단순한 음식 그 이상으로 인간에게 중요한 의미가 있다. 꿀은 달콤한 맛뿐 아니라 높은 칼로리와 풍부한 영양소를 제공하며, 특히 건강에 유익한 항균성과 항산화 성분을 포함하고 있어 질병 예방과 면역력 강화에 이바지한다. 꿀의 항균성은 높은 당 농도와 낮은 수분 함량으로 인해 세균이 증식하기 어려운 환경을 만들어내며, 오래 보관해도 변질되지 않는 특성이 있다. 이는 "변하지 않는 것"

의 상징으로 해석될 수 있다.

성경에서 꿀은 풍요와 즐거움의 상징이다. 젖과 꿀이 흐른다는 표현은 단지 자연적으로 꿀이 풍부하다는 의미를 넘어서, 꽃과 나무가 번성하고 벌들이 활발히 활동하며, 자연이 건강하고 조화로운 상태에 있다는 것을 나타낸다. 고대 중동 지역의 건조한 환경에서 꿀이 풍부하다는 것은 물이 풍부하고 생명체가 살기 좋은 환경이라는 뜻이었다. 이러한 지역에서는 꿀뿐 아니라 대추야자, 무화과, 포도와 같은 당도가 높은 과일이 풍부해 꿀을 대신하는 영양 공급원으로 사용되기도 했다.

성경에서 꿀은 하느님이 약속하신 변함없는 축복과 영적인 풍요를 상징한다. 꿀의 변하지 않는 특성은 하느님과의 언약이 영원하며 변치 않는 사랑과 은혜를 의미하는 것으로 해석된다. **"젖과 꿀이 흐르는 땅"**은 이러한 하느님과의 관계 속에서 충만한 축복과 안정감을 상징하는 표현으로 사용되었다.

♌ 젖의 상징과 생명의 의미

젖은 생명 유지에 필수적인 영양소를 제공하는 식품

으로, 고대 목축 사회에서 매우 중요한 역할을 했다. 젖에는 풍부한 단백질과 지방, 필수 영양소가 포함되어 있어 인류의 생존에 중요한 자원이었다. 특히 양, 염소, 소와 같은 가축에서 얻은 젖은 가공을 통해 요구르트, 치즈, 버터 등의 형태로 다양하게 활용되었다. 이는 고대 목축 사회의 삶에서 생명을 유지하고 공동체를 지원하는 기본 요소였다.

"**젖이 흐르는 땅**"은 단순히 젖이 풍부하다는 것을 넘어, 생명을 유지하는 데 필요한 여건이 잘 갖추어진 곳을 의미한다. 이는 하느님께서 이스라엘 백성에게 약속하신 땅이 생명의 유지와 번영에 필요한 모든 것을 갖춘 풍요로운 장소임을 나타낸다. 또한 젖은 하느님의 은혜를 통해 인간이 생명을 유지하고 번영할 수 있는 조건을 제공받는다는 상징으로 해석될 수 있다.

♎ 젖과 꿀이 흐르는 땅의 상징적 의미

성경에서 가나안 땅은 단순히 농업적, 경제적 풍요를 의미하는 것이 아니다. 이 땅은 하느님의 언약이 성취되는 장소이자, 신앙의 터전이 되는 곳이다. "**젖과 꿀이 흐르는 땅**"은 하느님의 약속과 축복이 실현되는 곳으로,

하느님과의 관계에서 오는 변치 않는 평안과 풍요를 나타낸다.

젖과 꿀은 각각 생명과 기쁨을 상징한다. 젖은 생명을 유지하는 필수 자원으로, 하느님의 보호와 공급을 상징한다. 반면, 꿀은 기쁨과 풍요, 그리고 변치 않는 축복을 나타낸다. 두 요소가 결합한 "젖과 꿀이 흐르는 **땅**"은 단순히 물질적 풍요가 아니라, 영적 풍요와 하느님과의 친밀한 관계 속에서 이루어지는 완전한 삶을 나타낸다.

이 표현은 또한 인간이 하느님과의 관계 속에서 변화와 성숙을 이루는 장소를 상징한다. 하느님은 이스라엘 백성이 가나안 땅에 들어가 그 땅을 정복하고, 하느님 보시기에 합당한 거룩한 백성이 되기를 원하셨다. 젖과 꿀이 흐르는 땅은 영적인 의미에서 하느님의 은혜와 언약이 실현되는 곳이며, 이 땅에서 이스라엘 백성은 하느님을 중심으로 신앙의 공동체를 이루어야 했다.

정리하면, "젖과 꿀이 흐르는 **땅**"은 하느님께서 이스라엘 백성에게 약속하신 영적 축복과 은혜를 상징한다. 꿀은 기쁨과 변함없는 축복을, 젖은 생명과 하느님의 공급을 상징한다. 이를 통해 젖과 꿀이 흐르는 땅은 하느님의 사랑과 은혜가 가득한 삶, 변치 않는 믿음과 풍성한 영적 열매를 맺는 신앙의 여정을 나타낸다.

하느님이 약속하신 가나안 땅은 하느님과의 친밀한 관계와 그분의 뜻에 따라 살아가는 거룩한 공동체를 세우는 땅이었다. 오늘날, 이 표현은 물질적 풍요를 넘어, 영적으로 충만하고 하느님과 깊은 관계를 맺는 삶의 상징으로 해석될 수 있다. **"젖과 꿀이 흐르는 땅"** 은 우리에게 하느님께서 약속하신 변치 않는 사랑과 풍성한 은혜를 떠올리게 하며, 그 약속을 신뢰하고 따르는 삶을 살아가라는 메시지를 전하고 있다.

Part 2. 신앙과 음식의 만남

〈자연이 차린 식탁〉 노현경, 2025, 캔버스 유화 4P, 한마음문화사 소장

영혼도 배설할 수 있을까?

사람들은 종종 맛집을 찾아다니며 입맛을 즐긴다. 그러나 그 과정에서 건강보다는 욕구를 채우는데 더 치중하게 된다. 사람들은 맛있는 음식을 너무 많이 먹어버려 체중 증가나 소화 장애로 이어지는 경우도 허다하다. 모든 음식이 그렇듯, 아무리 고급스럽고 영양이 풍부한 음식이라도 우리 몸이 제대로 소화하고 흡수하지 못하면 아무 소용이 없다.

음식을 제대로 소화하려면 천천히, 꼭꼭 씹어 먹는 습관이 중요하다. 하지만 우리는 대개 맛있는 음식을 앞에 두고 서두르게 되고, 그러다 보면 소화기관에 부담을 주게 된다. 특히 과식을 자주 하거나 고기류와 같은 소화 시간이 오래 걸리는 음식을 지나치게 섭취하면 위와 장이 과부하에 걸리고, 결과적으로 소화 흡수 과정까지 방해를 받는다.

현미나 통곡류처럼 소화가 까다로운 음식도 마찬가지이다. 충분히 씹어 위장에 부담을 덜어주어야 하지만 급하게 먹다 보면 체내 효소가 제 역할을 하지 못하게 되어 장내에서 부패하여 가스가 차고 그로 인해 염증이 생기는 위험도 커진다. 결국 소화가 잘되지 않으면 섭취한 귀한 음식은 흡수되지 못하고 배설물로 버려진다.

♎ 소화와 흡수의 중요성

음식을 먹는 것만큼 중요한 것은 그것이 몸에 잘 흡수되어 그 가치를 발휘하여야 한다. 예를 들어, 산삼처럼 귀하고 영양가 높은 음식도 제대로 씹고 소화하지 않으면, 아무리 약효가 많은 진세노사이드 성분을 담고 있어도 대변으로 배출되고 만다. 이는 음식의 가치를 완성하는 '소화와 흡수'라는 과정이 얼마나 중요한지를 단적으로 보여주는 예이다.

♎ 잘 흡수되기 위한 효과적 방법

첫째, **생으로 섭취하는 과일과 채소이다.** 키위, 파인애플, 무화과, 파파야 같은 과일에는 천연 소화효소가 풍부하다. 이 같은 효소가 함유된 음식은 가수분해하는 역할을 하며, 특히 나이가 들어 소화력이 약해질 때 큰 도움을 준다. 다만 소화효소는 열에 약하기 때문에 가열 조리하지 않고 생으로 섭취해야 효과를 기대할 수 있다.

둘째, **발효식품이다.** 된장, 청국장, 요구르트와 같은 발효식품은 미생물이 음식을 미리 분해해 주기 때문에 소화 흡수를 도와준다. 발효식품은 소화기관에 부담을 덜어주는 동시에 몸에 좋은 식이섬유를 제공해 배설도 원활하게 만들어준다. 그뿐만 아니라 발효식품은 면역력에 도움을 주는 유익한 유산균들이 공급되어 몸을 건강하게 만들어준다.

셋째, **소식**(小食)이다. 과식하지 않고 적절한 양을 섭취하는 것은 소화효소가 감당할 수 있는 범위 내에서 음식을 처리하게 해 준다. 이는 간헐적 단식이나 소식이 건강에 좋은 이유이기도 하다. 즉 소화효소를 과다하게 분비할 필요가 없다는 말은 신진대사 활동이 활발하게 이루어져 체내에서 다친 세포들의 치유 활동이 활발하게 전개될 수 있다.

♎ 영혼도 소화와 배설로

육신의 소화와 배설이 건강한 몸을 유지하는 데 중요하듯, 영혼에도 '배설'이 필요하다고 본다. 주변에 신앙인들의 생활을 돌아보면, 때로는 음식처럼 좋은 강론(설교)이나 특강을 듣는 것에만 몰두하는 분들이 있다.

훌륭한 말씀을 듣고 깊이 감명 받는 것도 중요하지만, 듣는 것으로 끝난다면 마치 단 음식만을 먹으려다 당뇨병에 걸린 사람이나 마찬가지 상태이다. '영혼도 당뇨병'으로 고생한다고 생각해 보세요. 혹은 제대로 소화를 못 시켜서 소화불량에 걸린 사람이나 다름없다.

영혼의 소화와 배설은 곧 우리가 받은 가르침을 깨닫고 그 은혜를 내 안에서 실천으로 옮기고, 나아가 그것을 나누는 것이다. 예수님께서는 늘 자신을 비우고 하느님의 뜻을 채우는 삶을 사셨다. "너희는 구하지 않아도 하느님께서 너희의 필요를 채우신다." 라는 예수님의 말씀은 우리가 먼저 자신을 비우고 낮아질 때 하느님께서 필요한 모든 것을 주신다는 가르침이다.

우리는 때때로 재물이나 지식을 축적하는 데만 몰두하며 자신을 위해 끊임없이 채우려고 한다. 하지만 비우지 않고서는 채울 수 없다. 욕심을 줄이고, 나 자신을 내려놓는 과정이야말로 영혼이 건강하게 성장할 수 있는 길이다.

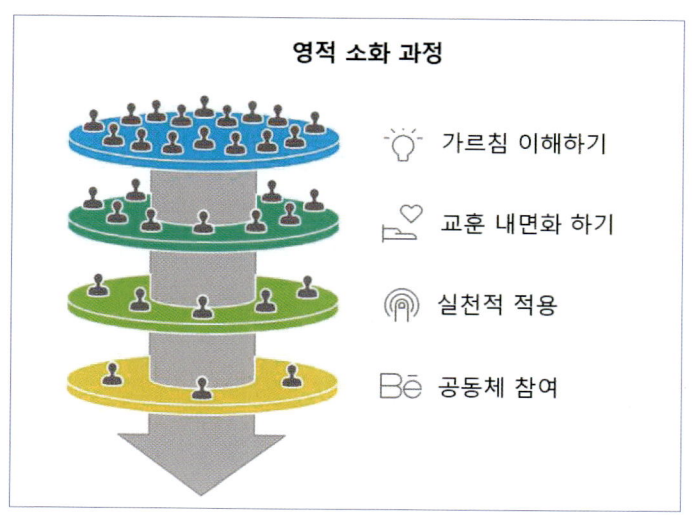

　　내 주변의 사람들에게 웃음과 따뜻함을 전하는 작은 행동이 비움의 시작이 될 수도 있다. 웃는 미소 하나만으로도 상대방에게 평화를 전달해 줄 수 있다. 상대방을 인격체로 존중하는 것에서부터 커다란 벽을 쉽게 무너뜨릴 수 있기 때문이다.

　　이런 긍정적인 만남을 통해 내 이웃들에게 나눔을 실천하며 텅 비어 있는 마음으로 세상을 바라본다면 이것이 영혼의 배설인 것이다. 비어 있는 마음속에 하느님이 하느님 나라를 채워주시니 이런 영적인 변화야말로 아름다운 영혼의 배설이 될 것이다. 누군가의 필요한 부분을 진심으로 채우려는 마음은 영혼의 배설이며 동시에

채움이다. 프란치스코 교황님이 노숙자들에게 샤워 시설과 음식을 제공하며 그들의 존엄성을 회복시켜 주었던 것처럼, 우리가 가진 작은 것을 나눌 때 하늘나라의 모습은 우리의 삶 속에 더 깊이 자리 잡게 된다.

♌ 영혼의 배설을 통한 삶의 의미

장이 막히어 육신의 배설이 제대로 이루어지지 못하면 죽음으로까지 치닫게 된다. 배설은 건강의 기본 조건이다. 아무리 귀한 음식을 먹어도 소화와 흡수가 이루어지지 않으면, 결국 쓸모없는 것으로 끝난다. 영혼도 마찬가지로, 좋은 말씀을 듣고도 그것을 실천하지 않으면 우리의 영혼은 소화하지 못한 신앙으로 가득 차 답답함만 느낄 것이다.

결국, 영혼의 배설은 이웃과 나눔을 실천하며, 우리가 받은 은혜를 나누는 데 있다. 우리가 비우고 나누며 스스로 낮아질 때, 하느님께서는 더 큰 은혜로 우리를 채워주신다. 이러한 순환이야말로 하느님 나라의 진정한 모습이 아닐까 싶다.

영혼은 아름다운 것만을 내보내는 것이 아니다. 마치

몸이 소화불량에 걸리면 독소를 배출하듯, 영혼에서도 때때로 불순한 것들이 흘러나온다. 이러한 부정적인 감정과 생각들은 결국 우리를 타락시키고, 내면을 추하게 만든다. 이는 단순히 외적인 모습이 아니라, 마음의 상태를 의미한다. 예수님께서도 이러한 인간의 본성을 미리 아신 듯, 오래전에 다음과 같은 말씀을 남기셨다.

> 또 이어서 말씀하셨다. "사람에게서 나오는 것, 그것이 사람을 더럽힌다. 안에서 곧 사람의 마음에서 나쁜 생각들, 불륜, 도둑질, 살인, 간음, 탐욕, 악의, 사기, 방탕, 시기, 중상, 교만, 어리석음이 나온다. 이런 악한 것들이 모두 안에서 나와 사람을 더럽힌다."
> (마르 7, 20-23)

✳ 영혼도 배설할 수 있을까? ▮ 179

부활절 음식과 김치

　부활절은 예수 그리스도의 부활을 기념하는 중요한 그리스도교 축일로, 전 세계에서 다양한 문화적 전통과 함께 기념되고 있다. 그중에서도 음식은 부활절 축제에서 빼놓을 수 없는 요소이며, 각 나라와 지역에 따라 특별한 의미를 담고 있는 다양한 음식이 등장한다. 이러한 음식들은 신앙적 의미뿐만 아니라 역사와 문화적 배경을 반영하며, 오랜 세월 동안 전해 내려오며 발전해 왔는데 이에 대하여 살펴보면 다음과 같다.

♎ 서양의 부활절 음식

o 영국

　부활절 기간 동안 '핫 크로스 번(Hot Cross Buns)'이라는 작은 빵을 먹는 전통이 있다. 이 빵은 건포도나 말린 과일이 들어간 달콤한 빵으로, 윗면에 십자가 모양의 장식이 되어 있어 예수 그리스도의 십자가를 상징한다.

o 이탈리아

'콜롬바 디 파스쿠아(Colomba di Pasqua)'라는 전통적인 부활절 빵을 즐긴다. 이는 비둘기 모양을 한 달콤한 빵으로, 부활과 평화를 상징하는데 빵이 부드럽고 촉촉한 식감을 가지고 있으며, 아몬드와 설탕으로 장식되어 있어 고급스러운 풍미를 자랑한다.

o 프랑스

프랑스 및 유럽 일부 국가에서는 부활절(파스카)을 기념하며, 라뇨 파스칼(L'agneau Pascal)이란 양고기 요리를 즐긴다. 라뇨는 어린양을 의미한다. 이는 예수 그리스도를 '하느님의 어린 양'으로 비유하는 성경적 의미를 반영한 것으로, 허브와 함께 조리된다.

o 러시아

부활절을 맞아 특별한 빵인 '쿨리치(Kulich)'와 치즈 디저트인 '파스카(Paskha)'를 준비한다. 쿨리치는 원통형의 달콤한 빵으로, 위에 설탕 프로스팅과 색색의 장식이 더해져 화려한 모습을 하고 파스카는 코티지 치즈, 계란,

크림, 설탕 등을 섞어 만든 부드러운 디저트로, 그리스도의 부활을 상징하는 의미를 담고 있다.

o 폴란드

'바비카(Babka)'라는 달콤한 케이크를 준비하는데, 이는 반죽에 버터, 계란, 설탕을 듬뿍 넣어 부드럽고 촉촉한 식감을 강조한 전통적인 빵이다. 또, '즈렉(Zurek)'이라는 신맛이 나는 수프도 부활절에 즐겨 먹는데, 이는 호밀 발효액을 이용해 만든 것으로, 삶은 계란과 함께 제공되어 특별한 풍미를 더한다.

o 미국

부활절 저녁 식사에서 햄을 먹는 것이 전통이다. 이 햄은 대개 꿀이나 설탕을 발라 오븐에서 구워 달콤하고 짭짤한 맛이 조화를 이루며, 감자 요리나 구운 채소와 함께 제공된다.

o 멕시코

'카피로타다(Capirotada)'라는 디저트를 부활절에 즐겨 먹는데, 건포도, 견과류, 시나몬, 치즈 등을 넣어 만든 달콤한 빵 푸딩으로, 십자가를 상징하는 의미가 담겨 있다.

♌ 아시아와 중동의 부활절 음식

o 필리핀

부활절 아침에 진한 핫 초콜릿과 함께 '판 데 살(Pandesal)'이라는 부드러운 롤 빵을 먹는 것이 전통이다. 스페인의 식민지 시절부터 이어진 문화로, 가정에서 간단하면서도 따뜻한 분위기로 부활절을 기념하는 방법이다.

o 레바논

'마암울(Ma'amoul)'이라는 대추야자나 견과류를 넣어 만든 전통적인 쿠키를 부활절에 준비한다. 이는 이슬람권에서도 라마단 후 축제 때 먹는 음식이지만, 그리스도교 공동체에서도 부활절에 즐겨 먹으며 가족과 이웃과 나누는 풍습이 있다.

o 대한민국

계란은 오래전부터 영양가가 있는 음식으로 알려져 있는데 실제로 계란에는 고급의 단백질, 칼슘, 철분, 인, 셀레늄과 비타민 A, B, B5, B12, 엽산 등이 함유되어 있고 세포 조직을 구성하며, 뇌의 원활한 기능을 도와주면서 기억력을 향상하는 레시틴과 콜린이 함유되어 있다. 계란 단백질들은 우리 몸에 필요한 필수아미노산을 골고루 함유하고 있어 우리 몸의 조직을 형성하거나 대사기능을 위해 필요한 효소를 만드는 데 중요한 역할을 하고 있어 생명체를 형성하는 대표성을 가지고 있다. 게다가 계란이 부화하여 병아리가 되는 과정을 보면 예수님이 돌무덤으로부터 부활하신 것을 상징하는 의미로 적당하다고 판단하여 부활절이면 부활 계란을 만들어 나누는 행사를 진행했다.

Ω 다섯 번 죽고 살아난 김치

부활절 김치!

매우 생소하나 한번 김치의 제조 과정을 보면 생각이 달라지리라 생각된다. 고 이어령 교수님께서 주장한 바 있는 부활 김치에 식품과학적 배경을 첨삭하면 다음과 같다.

　우선 밭에서 배추를 수확하기 위하여 뿌리 부분을 잘라 버리는데 영양을 공급받는 "뿌리를 자른다."라는 말은 땅으로부터 수분과 더불어 모든 영양소의 공급을 차단한다. 한마디로 배추를 죽이는 것이나 다름없다. 그 다음 배추 가운데를 반으로 잘라 두 번째 죽이고, 이번에는 소금물에다 절여서 배춧속에 있는 수분을 빼내고 염분으로 교체한다. 삼투압의 원리에 의하여 일어나는 절임 과정은 생명을 유지하는 데 필요한 수분을 제거하여 더 이상 생명력이 유지되지 못하는 조치로 또다시 죽이는 과정을 반복한 것이다. 이번에는 고춧가루와 마늘을 비롯한 다양한 양념과 채소를 첨가하는데 이들 양념과 채소 중에는 항균제 역할을 하는 성분들이 배추에 존재할 수 있는 잡균들을 죽여 버리는 일을 한다.

　아이들이 즐겨 먹는 햄버거에서 살균이 제대로 안 되어 고기 부분의 패티를 먹고 목숨을 앗아가기도 한 원인은 바로 *E. coli* O157 균이다. 대장균의 일종인 이 균도 고추장 앞에서는 맥을 못 추고 더 이상 살아남지 못할 정도로 고춧가루 성분의 항균력은 대단하다. 그뿐만 아니라 마늘의 항균력도 대단한데 아주 독하여 위 암세포들도 더 이상 증식하기가 어려운 환경을 만들어주는 항암 특성이 있다. 이처럼 여러 번에 걸쳐 죽이는 과정을 거쳤음에도 불구하고 양념한 배추를 땅속 항아리에 묻어 버린다. 돌아가신 분의 재를 납골당 항아리에 묻어 버리듯 도저히 살아날 수 없는 상태가 되어버린 김장배추가 땅속에서 발효 과정을 거쳐 맛있고 여러 가지 생리활성 물질들과 함께 우리 몸에 유익한 유산균이 더욱 풍부해진 영양가 높은 김치로 새롭게 부활을 하니 말이다.

♎ 부활 계란의 한계

부활절에 먹는 삶은 계란은 가열을 통해 계란을 익히는 과정에서 이미 죽어 있는 상태로 병아리로 태어날 수가 없다. 하지만 김치 속에는 우리 몸에 유익한 유산균들이 살아있고, 우리의 건강을 약속하는 기능성 물질들이 많이 함유되어 있어 항암효과까지도 제공한다. 이외에도 김치를 많이 먹으면 익어 있는 정도와 관계없이 먹는 양에 따라 노화된 피부를 다시 살려내어 노화를 억제하는 기능까지도 있다. 살아있는 생명력을 보여주는 것이 바로 김치이다. 또, 몇 년 전 외국의 유명 여배우 기네스펠트로가 코로나 확진자로 판정이 된 후 2주 이상을 매일 김치와 채식을 먹으면서 코로나를 극복하여 병마를 딛고 일어났다는 이야기는 시사하는 바가 크다.

☯ 김장 문화와 공동체

　우리 한국인들이 즐겨 먹는 김치가 갖고 있는 또 다른 부활의 의미를 생각할 때 한국 사람만을 위한 김치가 아니라 세계인을 위한 김치로 뻗어 나가고 있어 이러한 의미의 스토리텔링을 부여하여 부활절 김치를 알리는 일은 매우 중요한 일이 아닐까 싶다.

　최근 우리나라에는 다문화 가정이 많이 늘어나고 있으며, 외국인들이 한국에서 생활하면서 언어에 익숙하지 못하고, 문화적인 차이로 인해 동네 이웃들과 잘 어울리지 못하여 많은 어려움이 있다고 한다. 이방인으로서 한국에서 살아가는 것이 매우 힘들다는 이야기이다.

　그런데 우리 민속 문화 중에는 김장할 때 가족이나 이웃들이 함께 모여 서로 도와가며 김치를 담근다. 김장하면서 이웃들과도 친해질 수가 있어 좋고, 한국 문화에 적응할 수 있어 좋다고 한다. 여기에 집으로 돌아갈 때 서로 김장 김치를 나누어 먹는 아름다운 풍습이 있다. 예수님께서 강조하신 우리가 모두 하나가 되어 달라는 말씀처럼 말이다. 이런 깊은 뜻이 유네스코가 아름다운 전통문화로 인정을 받아 세계문화유산으로 김장 문화를 선정하였다.

종합해 보면, 부활절은 단순한 종교적 기념일을 넘어, 문화적 다양성을 반영한 축제의 장이 펼쳐진다. 각 나라의 부활절 음식들은 신앙적 의미뿐만 아니라, 지역적인 특성과 역사를 담고 있으며, 세대를 거쳐 전해지면서 오늘날까지 사랑받고 있다.

음식은 단순한 영양 공급 이상의 의미를 가지며, 공동체와 가족이 모여 함께 기쁨을 나누는 매개체가 된다. 부활절에 각국의 전통 음식을 맛보는 것은 신앙의 의미를 되새기고, 다른 문화의 아름다움을 경험하는 좋은 기회가 될 것이다.

함께 빵을 나누어 먹으며 서로가 하나가 되라고 말씀하신 주님의 가르침처럼 김장 문화를 통하여 다문화 가정과도 화목하게 지낼 수 있는 계기가 마련된다면 김치가 단순한 부활의 의미만 갖는 것이 아니라 성체성사의 가르침을 따르는 것이기도 하다.

이런 의미에서 이제는 부활 계란 대신에 함께 김치를 먹으며 부활의 의미를 되새겨 보면 어떨까 싶다.

 **MSG 취급받던 예수님**

　　MSG(글루탐산나트륨)는 오늘날 많은 가정과 식품산업 분야에서 사용되는 조미료이다. 음식에 감칠맛을 더해주는 식품첨가물로, 이를 구성하는 글루탐산은 사탕수수나 사탕무 같은 원료를 발효시켜 얻는다. 글루탐산은 물에 잘 녹지 않기 때문에, 나트륨(Na)을 결합하여 물에 잘 녹는 MSG 형태로 만든 것이다. 글루탐산은 우리 몸을 구성하는 단백질의 주요 성분 중 하나로, 특히 뇌의 약 18~20%를 구성할 만큼 중요한 역할을 한다. 이는 다른 아미노산들이 평균적으로 약 4~5%를 차지하는 것에 비하면 매우 높은 비율로, 그만큼 글루탐산이 우리 몸에 필수적인 물질임을 보여준다.

　　MSG가 가진 감칠맛은 단순히 음식의 맛을 좋게 만드는 것을 넘어선다. 감칠맛을 느끼고 자꾸만 이것을 먹고 싶게 만드는 것은 뇌가 필요한 글루탐산 성분을 섭취하라는 신호를 보내는 과정의 일환이다. MSG의 주성분인 글루탐산 성분은 다시마, 미역 같은 해조류나 토마토와 같은 채소에 자연적으로 함유되어 있으며, 우리가 먹는 육류에도 포함되어 있다. 특히 토마토는 글루탐산 함량이 높아 지중해 연안의 요리에서 빠지지 않는 주요 재료로 사용된다. 이는 토마토가 요리에 MSG를 첨가한 것과 같은 효과를 주기 때문이다. 육류에서도 MSG의 성분인 글루탐산이 발견되는데, 고기를 오래 삶아 육수를 내는 과정에서 단단히 결합한 글루탐산을 추출하는 과정이라 할 수 있다. 설렁탕이나 곰탕이 오랜 시간 끓여야 제맛을 내는 것도 같은 이유이다.

그런데도 MSG는 오랜 시간 오해와 편견의 대상이 되어 왔다. 이 부정적 인식은 한 연구자의 논문에서 비롯되었다. 연구자는 어린 쥐에게 대량의 MSG를 투여한 후에 뇌 손상과 성장 장애 등의 부작용을 관찰했다고 발표했다. 하지만, 이 실험은 지나치게 극단적인 조건에서 이루어졌다. 어린 쥐에게 투여된 MSG의 양은 성인 기준으로 하루 약 500g에 해당하는 양으로, 이는 일반적인 섭취량보다 엄청나게 많은 양이었다. 과도한 MSG 섭취로 인한 결과를 일반화한 이 연구는 많은 사람들에게 충격을 주었고, 이로 인해 MSG는 '몸에 해로운 물질'이라는 부정적인 이미지가 굳어지게 되었다.

MSG에 대한 오해는 여기서 그치지 않았다. 20세기 중반, 뉴욕의 한 레스토랑에서 MSG가 많이 포함된 음식을 먹은 사람들이 몸이 불편하다고 주장한 사건이 있었다. 이를 계기로 '중국 레스토랑 증후군(Chinese Restaurant Syndrome)'이라는 용어가 생겨났고, MSG에 대한 공포는 더욱 확산하였다. 우리나라에서도 미원과 미풍 제품이 시장을 지배하고 있던 차에 새로운 시장을 형성하겠다고 LG 산하 기업이 맛그린 제품을 가지고 뛰어들어와 기업 간의 마케팅 전략이 치열하였다. 한 기업이 MSG를 '화학조미료'로 규정하며 부정적인 이미지 광고로 그릇된 정보를 소비자들에게 심어주었다. 안타깝게도 MSG는 비타민 C보다도 안전한 것을 과학적으로 안전성이 입증된 물질임에도 불구하고, 잘못된 정보와 오해가 오랜 시간 대중의 인식에 영향을 끼쳤다.

이처럼 MSG에 대한 오해는 예수님께서 당시 사람들이 가진 편견과 오해로 인해 부당한 취급을 받으셨던 것과 놀랍도록 닮았다. 예수님은 하느님의 아들이자 구세주로 이 땅에 오셨지만, 당시 종교 지도자들과 대사제들은 그분을 받아들이지 않았다. 예수님의 가르침과 기적은 많은 사람들에게 감동을 주었지만, 바리사이파와 사두가이파 같은 종교 지도자들은 그분을 위협적인 존재로 여겼다. 그들은 자신들의 기득권을 지키기 위해 예수님에 대한 거짓 정보를 퍼뜨렸고, 결국 군중들을 선동하여 예수님을 십자가에 못 박게 했다. 본시오 빌라도 총독조차 예수님께서 아무런 죄가 없다는 것을 알고 있었지만, 군중의 압박과 폭동의 위협 속에서 부당한 판결을 내렸다.

왜 이들은 예수님에 대해 부정적인 이미지를 만들고 군중들을 선동했을까? 그것은 그들이 가진 기득권을 지키기 위해서였다. 당시 종교 지도자들은 예수님의 가르침이 자신들의 권위를 위협한다고 느꼈다. 이를 막기 위해 그들은 예수님을 거짓된 정보로 매도하며, 그분의 진리를 가리는 데 온 힘을 쏟았다. 이는 MSG를 둘러싼 잘못된 정보와 소비자를 호도한 일부 기업의 행태와도 유사하다. MSG를 화학조미료로 규정하며 부정적인 이미지를 심어준 마케팅 전략은 소비자들에게 큰 충격을 주었고, 이를 다시 올바로 잡기 위해서는 상당히 오랜 시간과 비용이 소요되었다.

예수님께서 이 땅에서 하신 말씀과 행동은 단순히 당시 사람들만을 깨우치기 위한 것이 아니라, 오늘날 우리에게도 깊은 교훈을 준다. 예수님은 부유한 사람들 편에 서지 않으셨고, 가난하고 소외된 사람들에게 복음을 전하며 그들을 해방하는 데에 힘쓰셨다. 그러나 많은 사람들은 그분의 메시지를 이해하지 못했고, 자신들의 이익과 편견 속에 갇혀 예수님을 받아들이지 않았다.

오늘날 우리는 잘못된 정보를 바탕으로 쉽게 판단을

내리고, 개인이나 집단의 이익을 위해 진실을 왜곡하는 모습을 종종 목격한다. MSG에 대한 오해에서부터 시작해 예수님께서 받으신 부당한 취급까지, 우리는 진실을 바로 보고 판단하는 것이 얼마나 중요한지 깨달아야 한다. 예수님은 우리에게 자신의 이익을 내려놓고, 올바른 판단과 겸손한 자세로 진리를 따르라고 가르친다.

우리는 모두 자신을 돌아보고, 하느님의 뜻에 따라 올바른 선택을 할 수 있도록 노력해야 한다. 잘못된 정보와 편견에서 벗어나, 세상을 바로 보고 겸손하게 하느님의 길을 따르는 것이야말로 우리가 추구해야 할 진정한 삶의 모습이다.

잘못 알았던 토마토의 변신

토마토는 본래 계절 채소로서 5월에서 6월 사이에 주로 수확되었으나, 오늘날에는 온실 재배 기술의 발달로 연중 어느 때나 공급이 가능하다. 이러한 발전은 인간의 지혜와 노력이 자연과 조화를 이루며 창조 질서를 확장한 한 예라 할 수 있다.

토마토는 식이섬유가 풍부하고 칼로리가 낮아 적은 양으로도 포만감을 주며, 다양한 영양소가 함유되어 있어 건강에 유익한 식품이다. 특히 현대에는 육종 기술을 통해 달콤한 맛을 지닌 품종까지 개발되어 많은 사람들의 기호에 맞게 변화하고 있다.

아울러 항산화 성분인 라이코펜, 루테인, 베타카로틴과 비타민 A, C 등이 풍부하여 피로를 해소하고 면역 체계를 강화하는 데 도움을 준다. 라이코펜은 강력한 항산화제로서 폐암, 위암, 전립선암 등을 유발하는 활성산소를 제거하며, 피부의 콜라겐 생성을 돕고 멜라닌 색소의 생성을 억제하여 피부 노화를 예방한다. 이 성분은 열에 강하므로 토마토를 살짝 가열하거나 올리브오일과 함께 섭취할 때 흡수율이 더욱 높아지는 특성이 있다. 이는 하느님께서 우리에게 주신 자연의 은총이 인간의 지혜와 결합하여 최대의 효용을 낼 수 있음을 보여준다.

현대 과학은 토마토의 건강상 이점을 뒷받침한다. 하버드 대학교의 연구에 따르면, 50세 이상의 사람들이 일주일에 10회 이상 토마토를 섭취하면 뇌신경 마비 증상을 완화하는 데 이바지할 수 있다고 밝혔다. 이는 토마토가 지닌 항산화 성분이 신경계를 보호하는 데 도움을 주기 때문이다. 또한 일리노이 대학교의 연구에서는 하루 한 접시의 파스타에 토마토소스를 더하면 백혈구의 산화 DNA 생성되어 암으로 발전될 가능성이 20% 감소한다고 보고되었다. 이는 하느님께서 자연을 통해 주신 선물이 과학적 연구를 통해 더 깊이 이해되고 활용될 수 있음을 보여준다.

한편, 토마토의 감칠맛은 글루탐산이라는 성분에서 비롯된다. 글루탐산은 MSG의 주성분으로, 채소에 포함된 유리형 글루탐산은 가열 시 쉽게 용출되어 요리에 자연스러운 감칠맛을 더한다. 이러한 특성은 토마토가 스파게티, 피자, 그라탕 등 지중해 요리에 필수 재료로 사용되는 이유이기도 하다. 이는 자연의 창조적 선물과 인간의 요리 기술이 만나 만들어낸 조화로운 결과라 할 수 있다.

Ω 토마토의 역사와 오해

토마토가 서양에서 대중적으로 소비된 것은 200년이 채 되지 않았다. 남미에서 유럽으로 전래된 토마토는 유럽 사람들이 처음 접했을 때, 그 붉은 색과 모양 때문에 미신적으로 두려워했으며, 당시의 식기와의 반응으로 인해 실제로 건강에 해로운 영향을 미쳤지만, 원인을 몰라 토마토 자체를 위험한 음식으로 여겼다. 당시 심장을 연상하게 하는 사탄의 토마토가 사람에게 해를 끼쳤다고 믿었다.

이러한 인식은 당시 유럽에서 주로 사용된 납 성분이 포함된 접시와 관련이 있다. 토마토의 산성 성분(유기산)이 접시의 납을 용출시키면서 납중독을 초래하였고, 이에 따라 토마토가 유해하다는 오해가 생겼다. 납중독 증상은 두통, 피로, 기억력 저하 등을 유발했으며, 이는 당시 사람들에게 초자연적 원인으로 여겨졌다.

이렇게 되자 영국의 크롬웰은 토마토의 재배를 전면 금지하였고, 이후에는 이를 식용이 아닌 관상용으로만 재배하도록 허락하였다. 이러한 소문은 미국으로도 알려져 미국 사람들도 토마토를 관상용으로 재배하였고, 식용으로 먹는 것을 피할 정도가 되어버렸다.

토마토가 악마의 열매라는 잘못된 정보를 바로잡은 인물은 로버트 G. 존슨이라는 미국 원예학회 회장이었다. 1820년 그는 많은 사람들이 모인 자리에서 직접 토마토를 먹는 퍼포먼스를 선보이며 토마토가 해롭지 않다는 사실을 입증했다. 당시 큰 우려 속에 펼쳐진 퍼포먼스에서 토마토를 먹다가 불상사가 생기는 때를 대비하여 사람들은 장례식용 관까지 준비해 놓고 기다리고 있었지만 아무런 사고도 발생하지 않았다.

이 사건은 토마토에 대한 부정적인 인식을 바꾸는 계기가 되었고, 오늘날 토마토는 전 세계적으로 널리 사랑받는 식품으로 자리 잡았다. 이 역사적 사례는 잘못된 정보나 편견이 진실을 가릴 수 있음을 경고하며, 진리의 중요성을 일깨워주었다. 이는 예수님의 가르침이 왜곡되었던 당시 사람들의 모습을 연상시킨다.

♎ 신앙적 관점에서 본 토마토

토마토의 붉은색은 예수 그리스도의 거룩한 빛과 희생을 상징적으로 떠올리게 한다. 잘 익은 토마토는 겉뿐만 아니라 속까지 붉게 물들어 마치 불타는 심장을 연상시키며, 이는 예수님께서 인류를 위해 자신을 내어주신 사랑을 상징적으로 표현한다.

성경 속에서 예수님의 생애는 많은 사람들에게 이해되지 못하고 배척당했으나, 부활을 통해 진리와 사랑을 증명하셨다. 이는 우리가 진리와 사랑의 길로 돌아서야 한다는 메시지를 전달한다.

녹색의 덜 익은 토마토에는 소량의 솔라닌이 포함되어 있지만, 이는 식물의 자연적 방어 기전으로, 오늘날에는 육종 기술을 통해 안전한 품종이 개발되었다.

이는 자연의 주어진 한계를 극복하려는 인간의 노력이 창조주 하느님의 선하신 뜻 안에서 이루어질 때 긍정적인 결과를 가져온다는 점을 보여준다. 마찬가지로, 우리의 신앙 또한 새로운 깨달음과 회복을 통해 진리 안에서 성장해야 함을 상기시켜 준다.

종합해 보면, 토마토는 단순한 채소가 아니라, 인간의 오해와 편견이 어떻게 진리 앞에서 변화될 수 있는지를 보여주는 상징적 사례이다. 자연 속에서 하느님의 선물을 발견하고, 이를 올바르게 이해하며, 과학과 신앙의 조화를 통해 인간과 공동체에 유익함을 가져올 때, 우리는 창조주께서 주신 삶의 풍요로움을 더 깊이 체험할 수 있다. 우리의 삶 속에서도 편견과 오해를 넘어 진리와 사랑으로 나아가기를 바란다.

 **동지 팥죽과 인간의 두려움**

일 년 중 밤이 가장 긴 날, 동지.

우리 조상들은 이 긴긴밤에 팥죽을 쑤어 먹으며 보냈다. 다른 음식도 많은데, 왜 하필 팥죽이었을까? 전해 내려오는 이야기 중 하나는 신라 시대의 설화에서 비롯되었다.

어느 가난한 선비가 한 과객을 재워주었는데, 그는 떠나면서 "벼를 심어보시오"라고 조언했다. 선비는 과객의 말을 따라 벼를 심었고, 놀랍게도 풍년이 들었다. 이후에도 과객은 찾아와 다양한 농작물을 추천했고, 선비는 그 덕분에 성공적인 농사를 지었다. 그러나 선비는 이상하게도 건강이 점점 악화하였다.

어느 날 지나가던 한 스님이 이를 듣고는 "그 과객은 귀신일 가능성이 크다면서 귀신이 싫어하는 백마의 피를 집 주변에 뿌리면 다시 찾아오지 않을 것이다"라고 조언을 했다고 한다. 선비는 이를 실행했고, 이후 과객은 다시 찾아오지 않았으며, 선비는 건강을 회복했다고 전해진다.

하지만 백마의 피를 구하는 것은 쉽지 않았다. 이에 사람들은 피와 유사한 붉은색을 띠는 팥죽을 대체하여 뿌리기 시작했는데 이것이 동짓날 팥죽을 먹고 집 안에 뿌리는 풍습의 유래라고 전해지고 있다.

♎ 팥죽과 인간의 두려움

이러한 풍습은 단순한 미신이 아니라, 인간이 어둠과 두려움을 극복하려는 상징적 행위였다. 동지는 밤이 가장 길어지는 날이므로, 악귀나 불길한 기운이 극대화되는 날로 여겨졌다. 조상들은 팥죽을 통해 이를 물리치려 했다.

흥미롭게도, 이러한 행위는 성경 속 이스라엘 백성이 이집트에서 탈출하기 전 파스카(Passover) 의식을 행했던 사건과 유사한 점이 있다. 탈출기에 따르면, 하느님께서는 마지막 재앙으로 이집트의 모든 맏아들을 치실 때, 이스라엘 백성에게는 어린 양의 피를 문설주에 발라 그들의 집을 구별하라고 명령하셨다. 양의 피가 발린 집은 재앙을 면했고, 그렇지 않은 이집트 가정들은 큰 슬픔에 빠졌다. (탈출기 12장)

동짓날의 팥죽과 파스카의 양의 피를 완전히 동일한

의미로 해석하기는 어렵지만, 인간이 '두려움에서 벗어 나고자 한 의식'이라는 점에서는 공통점이 있다. 당시 이스라엘 백성은 하느님의 명령에 순종하였기에 구원받 았고, 우리 조상들도 악귀를 쫓아내고자 팥죽을 사용했 다. 두 사건 모두 인간이 외부의 위협으로부터 보호받고 자 했던 신앙적 노력의 하나로 볼 수 있다.

Ω 이야기의 전파와 신화의 변화

이집트 탈출 사건은 당시에도 엄청난 사건이었다. 노 예 상태였던 수많은 이스라엘 백성이 이집트를 떠나 가 나안으로 이동했고, 그 과정에서 여러 기적이 발생했다. 홍해가 갈라지고, 만나와 메추라기가 하늘에서 내리는 등 초자연적인 사건들이 연이어 일어났다. 이는 당대의 상인 들과 여행자들 사이에서 큰 이야깃거리였을 것이다.

이집트와 가나안 지역 일대는 이미 고대부터 상업 네트워크를 통해 페르시아, 인도, 중국 등과 연결되어 있 었다. 무역상들이 이집트 탈출 이야기를 전파했을 가능성 은 충분히 있다. 다만, 이 과월절 이야기가 신라로 직접 전해졌다는 명확한 증거는 없다. 오히려 세계 여러 지역 에서 유사한 신화적 패턴이 나타나는 것은 인간이 보편적으로 가지고 있는 두려움과 구원의 필요성 때문일 가능성이 크다.

♎ 빛과 어둠, 그리고 새로운 시작

동지는 가장 긴 밤을 지나 새해로 넘어가는 분기점이기도 하다. 과거 한때 동짓날을 크리스마스로 기념했던 사례도 있다. 왜냐하면, 예수님께서는 어둠 속에서 빛으로 오신 분이기 때문이다. 동지 이후로 낮이 점점 길어지듯이, 예수님의 탄생은 죄로 가득한 세상을 밝히는 희망의 상징이었다. 이처럼 동지는 단순히 한 해의 절기 중 하나가 아니라, 죽음과 삶, 어둠과 빛, 절망과 희망의 상징적 의미를 내포한다.

이스라엘 백성들은 매년 과월절(Passover)을 기념하며 자신들이 어떻게 구원을 받았는지를 되새긴다. 우리 조상들도 동짓날 팥죽을 통해 "새해를 준비하며 불행을 떨쳐내고자" 했던 것이 아닐까? 악귀를 쫓기 위한 팥죽의 풍습이 샤머니즘적인 요소를 담고 있다 하여도, 그 속에는 "새로운 시작을 향한 희망"이라는 공통된 인간의 소망이 담겨 있다. 이는 이집트 탈출 후 가나안을 향해 나아갔던 이스라엘 백성과도 유사한 마음이었을 것이다.

♌ 동짓날 팥죽의 영적 의미

오늘날 우리는 동짓날을 맞이하며 팥죽을 먹는다. 그냥 전통이기 때문에 먹을 수도 있고, 건강에 좋다는 이유로 먹을 수도 있다. 하지만, 이 풍습 속에는 "두려움을 극복하고 새로운 삶을 향해 나아가려는 의지"가 담겨있다. 우리가 악귀를 몰아내기 위해 팥죽을 벽에 뿌리지는 않지만, 우리의 마음속 불안과 두려움을 떨쳐내기 위해 우리도 무언가를 '비우고' 새롭게 채워야 하지 않을까?

팥죽 한 그릇을 앞에 두고, 우리 삶 속 어둠을 걷어내고 희망과 빛을 향해 나아가는 영적 의미를 떠올려보는 것은 어떨까하는 생각을 해본다.

참고 문헌

가톨릭신문, [사순 시기, 무엇을 먹고 마실까] (1) 빵 2018. 2.20.

가톨릭신문 [사순기획] 단식의 의미와 실천 ① 가톨릭에서 바라보는 단식 2009. 3.9

가톨릭 평화신문, 사순 시기, 단식의 참된 의미는? 2023. 2.24
  (https://josephsungmul.com/article/%EA%B0%80%ED%86%A8%EB%A6%AD%EC%83%81O%EC%8B%9D/2/3648/)

[글로벌 브리핑] 가난한 자와 함께…교황의 2년
  (https://news.kbs.co.kr/news/view.do?ncd=3036424)

금식 (https://namu.wiki/w/%EA%B8%88%EC%8B%9D)

금식 (r320 판)
  (https://namu.wiki/w/%EA%B8%88%EC%8B%9D?uuid=c7cad2cb-0cd7-40e6-aad5-1348d8aa0e12)

성경(2005년 개정판) : 한국천주교주교회의(KCBC) 공식 승인 번역본

덴마크 전통집 : 네이버 지식iN - NAVER
  (https://kin.naver.com/qna/detail.naver?d1id=6&dirId=6130105&docId=431145140&qb=7LC96raQ&enc=utf8&section=kin.qna&rank=953&search_sort=0&spq=0)

덴마크(https://namu.wiki/w/%EB%8D%B4%EB%A7%88%ED%81%AC)
루돌프 슈나켄부르그. 하느님의 다스림과 하느님 나라, 조규만 주교, 조

규홍 역자, 가톨릭출판사 (2002)

리언 래퍼포드. 음식의 심리학 , 김용환 번역, 인북스 (2006)

매주 읽는 단편 교리 / 단식과 금육 〉 주보콘텐츠
　(http://ucatholic.or.kr/bbs/board.php?bo_table=jubo_contents&wr_id=458)

[성서해설] 36. 정결에 관한 규칙과 속죄의 날/조화선 수녀
　(https://m.catholictimes.org/227712)

세상은 왜 프란치스코 교황에 열광할까
　(https://www.businesspost.co.kr/BP?command=article_view&num=3712)

養生을 위한 香氣의 한의학적 適用과 展望
　(https://www.jikm.or.kr/upload/pdf/199803/LyuYS-34.pdf)

[예비자교리] 112. 금육재와 단식재의 규정
　(https://www.catholictimes.org/article/202003110184640)

유월절 저녁 렐하세데르 (https://jy4kids.tistory.com/426)

[이런 정도는…] 32. 단식과 금육
　(https://www.catholictimes.org/article/201912030139948)

평균 수명
　(https://namu.wiki/w/%ED%8F%89%EA%B7%A0%20%EC%88%98%EB%AA%85 / Chat GPT)

[포커스] 한국 세계 11위 장수국…기대수명 82.3세 "경제성장이 …

(https://sgsg.hankyung.com/article/2016070190731)

프란치스코 교황, 로마 노숙자에 아이스크림 3천개 대접
(https://www.yna.co.kr/view/AKR20180423189000109)

향기로 치료한다.
(https://h21.hani.co.kr/arti/world/world/6383.html)

천연향료란? 천연향료의 추출방법
(https://blog.naver.com/kptc-edu/222552265838)

향유 추출 방법 / 향수가 만들어지는 과정(향수 제조 과정)
(https://tmfdl.tistory.com/31)

[향으로 보는 세상] 코가 먹는 음식, 향료의 제조 방법
(https://www.segye.com/newsView/20160107004382)

향유 - 여름철 감기에 좋은 효과 발휘
(https://jayun.co.kr/top/sub07.html?mo=v&num=433&page=3)

Hiroshi Ohguro H., Katsushima H., Maruyama I., Maeda T., Yanagihashi S., Metoki T., Nakazawa M. A high dietary intake of sodium glutamate as flavoring (Ajinomoto) causes gross changes in retinal morphology and function. Experimental Eye Research 75(3) : 307-315 (2002)

Kenney R.A. The Chinese restaurant syndrome: An anecdote revisited. Food and Chemical Toxicology 24(4) : 351-354 (1986)

[성경 속의 동,식물] 88- 초대교회 믿음의 상징 물고기. 가톨릭평화신

문. 2008. 4. 2

구약에서 인간을 물고기에 비유
   (https://news.cpbc.co.kr/article/244827)

Milton, John   Paradise Lost, (1667)   Penguin Group, (2003년 4월 29일, 재발행)

아담과 이브 》원죄 : 네이버 블로그
   (https://blog.naver.com/justinceo/30140515843?viewType=pc)

미켈란젤로의 시스티나 성당 천장 벽화 - 3편 사과나무는 어디에 ...
   (https://m.blog.naver.com/nuctom/220933835922)

미켈란젤로 3 - 시스티나 천장화-브런치스토리
   (https://brunch.co.kr/@moreau/103)

미켈란젤로 시스티나 성당 천장화 '천지 창조'는 그림이 아닌 조각이다!
   (https://www.youtube.com/watch?v=pXnQ_oSvnKO)

노봉수, 장판식, 백형희, 이광근, 김석중, 유상호, 이기원. 최승준, 변상균. 식품화학, 4판, 수학사, 서울 (2020)

노봉수. 이승주, 백형희, 이재환, 윤현근, 정승현, 이희섭. 생각이 필요한 식품재료학. 수학사, 서울 (2017)

최낙언. 생존의 물질, 맛의 정점 소금. 헬스레터, 서울 (2022)

편집 소감

　노봉수 교수님은 식품공학 분야에서 오랜 시간 연구와 교육에 헌신해 오신 학자이십니다. 서울대학교에서 식품공학을 전공하고, 미국 캘리포니아 대학교 데이비스(University of California, Davis)에서 석·박사 학위를 취득하신 뒤, 서울여자대학교에서 교수로 재직하며 수많은 학생들을 양성하셨습니다. 효소 및 바이오센서를 활용한 식품분석, 향기 분석, 전자코 개발 등 다양한 연구 성과를 남기셨고, 수많은 논문과 특허, 전문 서적을 통해 식품과학 분야에 크게 기여하셨습니다.

　하지만 제가 교수님을 기억하는 방식은 단지 학자로서의 모습만이 아닙니다. 하계동 성당에서 사목회장과 부회장으로 함께 봉사하면서 뵌 노 교수님은 깊은 신앙심과 온유한 인격을 지닌 분이셨고, 언제나 따뜻한 미소로 공동체를 품어주셨습니다. 성당의 일꾼으로서도, 삶의 모범으로서도 신앙인다운 향기를 풍기셨습니다.

　어느 날 교수님께서 책을 준비 중이라며 제게 원고를 보여주셨을 때, 저는 단박에 그 책이 품고 있는 깊이를 느낄 수 있었습니다. 일상 속의 음식이 단순한 먹거리를 넘어, 하느님의 창조와 섭리, 그리고 구원에 이르는 이야기로 이어지는 이 책은 학문과 신앙이 만나는 아름다운 결실이었습니다.

"그리스어로 물고기를 뜻하는 '익투스($IX\Theta\Upsilon\Sigma$)'는 '예수 그리스도, 하느님의 아들, 구원자'라는 고백을 담고 있습니다." 이 구절을 읽으며, 교수님의 해박한 지식과 신앙의 고백에 감동하였습니다. 식품과학자로서의 날카로운 통찰과 따뜻한 시선이 어우러져, 성경 속 음식 하나하나가 새롭게 다가왔습니다.

노봉수 교수님의 『영혼과 육신을 살리는 식품 이야기』는 음식이 하느님의 선물이자, 신앙의 언어가 될 수 있음을 알려주고 있습니다. 이 책이 더 많은 이들에게 영적 풍요를 전하고, 신앙과 삶의 일치를 꿈꾸는 이들에게 따뜻한 길잡이가 되기를 진심으로 기도드립니다.

노 교수님의 책 출간을 진심으로 축하드리며, 이러한 귀한 작업을 통해 신앙 공동체 안에 더 많은 생명의 이야기가 퍼져 나가기를 소망합니다.

2025년 4월
편집자 김춘석 마르코

〈시간이 머무는 길〉 노현경, 2024, 캔버스 유화 15P, 작가 소장